은퇴
쇼크

퇴직과 전직 고려한다면
박수칠 때 떠나라

은퇴쇼크

지은이 | 전도근

펴낸곳 | 북포스
펴낸이 | 방현철

1판 1쇄 찍은 날 | 2011년 3월 18일
1판 2쇄 펴낸 날 | 2018년 3월 25일

출판등록 | 2004년 02월 03일 제313-00026호
주소 | 서울시 영등포구 양평동5가 18 우림라이온스밸리 B동 512호
전화 | (02)337-9888
팩스 | (02)337-6665
전자우편 | bhcbang@hanmail.net

ISBN 978-89-91120-52-5 03320

값 13,000원

*잘못된 책을 바꾸어 드립니다.

퇴직과 전직 고려한다면 박수칠 때 떠나라

은퇴
쇼크

전도근 지음

북포스

머리말

은퇴는 언젠가는 온다

우리나라에 있는 HSBC 은행에서 한국인 40세부터 78세까지 1,000명을 대상으로 설문을 조사했는데, 통계 자료를 보면 흥미로운 결과가 있다. '당신은 언제 완전한 은퇴를 할 것입니까?'라는 질문에, '여건이 허락하는 한 끝까지 일을 하겠다'고 대답한 응답자가 약 75%인 것이다. 이 수치는 선진국에 비해도 매우 높은 수준이며, 전 세계 평균수치인 46%에 비해서도 월등히 높다. 그러나 실제 상황은 그보다 훨씬 낮은 수준에 머물고 있다. 실제로 50대는 55%, 60대는 33%, 70대는 12%만이 일을 하고 있어, 바람과는 달리 꽤 빠른 시기에 은퇴하고 있음을 알 수 있다. 그만큼 일하고 싶은 욕구는 높지만 현실 여건은 만만치 않은 것이다.

1990년대까지만 해도 60세를 넘기면 오래 살았다고 환갑잔치를 했지만, 2000년대에는 환갑 대신 칠순을 기념하더니, 얼마 전부터는 팔순잔치로 바뀌고 있다. 이러한 추세라면 앞으로 우리의 평균 수명은 90세를 넘어 100세까지도 내다볼 수 있게 되었다. 현재도 국내에 100세 이상의 노인은 1,000명이 넘었다. 의학계에서는 인체 장기를 배양하고 이식하는 기술의 발달을 토대로 평균수명을 150세까지 예측하고 있다. 우리는 급속한 노령화와 평균수명의 증가 현상으로 인해 여러 가지 어려운 상황들을 겪고 있다. 각 국가들은 이 놀라운 현상에 깊은 관심을 가지고 미래에 대한 대비를 하려고 노력하고 있다.

 평균수명의 증가는 분명 인류에게 축복이지만 국가와 사회, 현 세대와 미래 세대에 커다란 부담과 숙제를 안겨주고 있다. 국민연금, 건강보험, 노인 장기요양보험, 기초노령연금 등 막대한 재원을 필요로 하는 노인복지 관련 제도는 국민들의 조세, 보험료, 연금 납입액 상승 부담으로 작용한다. 이미 선진국에서는 과도한 복지 부담을 줄이기 위해 복지 제도를 축소하는 상황으로 가고 있다.

 학자들은 노후를 멋지고 활기차게 보내기 위한 가장 중요한 요소로, 첫째 안정적인 소득 또는 연금, 둘째 건강, 셋째 자신의 일이나 봉사활동을 하는 것이라고 한다. 이것은 새로운 일을 찾아냄으로써 안정적인 소득을 얻고 건강을 챙기는 것을 의미한다. 그만큼 사람에게 있어 일을 한다는 것은 중요한 것이다. 사람은 누구든 성인이 되면 직업을 갖게 되고 은퇴를 맞을 때까지 일을 하게 된다. 직업은 개인이 살아가는 데 필요한 물질적 자원을 정당하게 취득하는 수단이자 사회적 지위를 결정해 주는 것이며, 개인의 자아를 실현하는 기회를 제공한다. 그래서 직업은 개인의 인생에 아주 중요한 역할을 수행한다. 개인은 자신이 선택한 직업으로 인해 편안한 여생을 보내게 되기도 하지만, 직업을 잘못 선택하여 삶이 순조롭지 않은 경우를 우리는 주변에서 쉽게 볼 수 있다.

세상은 변화하고, 그에 따라 새로운 직업이 생겨나거나 기존의 직업이 사라지기도 한다. 세상에 영원한 것은 없듯이 어떤 직장에 얼마나 오래 근무하더라도 결국은 은퇴를 맞을 수밖에 없다. 더욱이 전 세계적으로 불어닥친 불황 때문에 청년 실업자의 증가는 물론 삼팔선, 사오정, 오륙도 등의 신조어까지 나돌 만큼 취업의 문은 점점 좁아지고 있다. 일자리를 구했다고 해도 정년까지 보장받기는 하늘의 별따기와 같다.

서울의 모 자치단체가 청소 용역원을 구하는 광고를 냈는데, 150대 1의 경쟁률을 나타내어 신문에 대서특필된 적이 있다. 당시 청소 용역원은 비전임 계약직으로서 정년을 보장받지 못하고 1년 단위로 재계약을 해야 하는데도 대졸 이상의 학력을 가진 사람들이 대거 지원했다고 한다. 뿐만 아니라 40~50대의 대기업 간부 출신, 박사학위 소지자와 같은 '초고급 인력'이 지원하는 놀라운 현상이 벌어졌다. 이것은 고학력 시대와 맞물려 수많은 베이비붐 세대들이 퇴직을 하고 있다는 사실을 알려주는 동시에 이들의 재취업난이 심각함을 일깨운 사건이었다. 이에 따라 정부에서는 청년 일자리 창출뿐만 아니라 중장년층의 일자리 창출에 대한 대책 마련에도 고심하고 있다.

요즘 20, 30대의 청년층에서는 일자리를 구하기는 힘들지만 언제든 원할 때면 직장을 그만둘 수 있다는 인식이 형성되고 있다. 즉 경력

관리를 통해 자신에게 유리한 직장으로 전직하기를 서슴지 않는다. 그러나 40대 이상의 중년층이 되면 새로운 변화에 대한 두려움이 커져서 다른 직장으로 전직하는 것을 기피하는 경향이 생긴다. 특히 중년층의 직장인들은 학비 지출이 많은 학부모 세대이기 때문에 지출 규모를 감당하기 위해 고정적인 급여에 발목을 잡히는 경우가 많다.

이보다 더 큰 문제는 한 직장에서 평생 근무하고 싶어도 급변하는 세상의 흐름으로 인해 그럴 수 없다는 것이다. 자신보다 능력이 뛰어난 누군가가 낮은 임금으로 자리를 노리는 실정이기 때문이다. 정년을 보장받는다고 해도 60세를 넘기기 어려운 것이 현실이다. 이처럼 사회적으로 은퇴 시기는 빨라지는 반면 평균수명은 증가하고 있어 막연한 생각으로 퇴직하게 되면 우울한 현실을 맞이하게 될 것이다. 더욱이 자신의 의지와 상관없이 회사로부터 퇴직을 당하게 된다면 그 충격은 더해서 자신감을 상실할 뿐만 아니라 여러 가지 후유증을 겪게 될 것이다. 따라서 평생 일할 수 있는 직업을 선택해야 하며, 언젠가는 겪어야 할 은퇴 후 생활에 대해 구체적으로 설계하고 그에 따른 준비도 시작해야 한다.

이 책은 새로운 직업을 찾아 전직을 하고자 하는 사람들에게 '평생직업'을 찾는 방법을 알려주기 위하여 집필되었다. 또한 은퇴를 해야 한다면 어떻게 하는 것이 가장 효과적인가에 대해 알려주기 위해 글을 썼다.

이 책의 구성을 보면, 제1부 "박수칠 때 기분 좋게 떠나라"에서는 직장생활을 하면서 언제 떠나야 충격을 줄이면서 자신의 성공적인 전직을 할 수 있는가를 다루었다. 제2부 "아름다운 박수 받는 '떠남'의 순간?"에서는 현재의 직장을 떠나서 성공적인 전직을 하려면 어떻게 무엇을 준비해야 하는지를 다루었다. 제3부 "전직하려면 직업 트렌드를 읽어라"에서는 말 그대로 전직하기 위해서는 새로운 직업을 어떻게 찾아야 하는지, 어떻게 준비해야 하는지를 다루었다. 제4부 "미래를 주무르면 '은퇴쇼크' 없다"에서는 이왕 새로운 직업을 선택한다면 어떤 분야를 선택해야 평생직업으로 삼을 수 있는가를 다루었다. 제5부 "1톤의 생각보다 1그램의 실천이 옳다"에서는 새로운 퇴직이나 전직에 대한 두려움을 극복하는 방법을 다루었다. 제6부 "이직 성공을 위한 5가지 전략"에서는 실제로 전직하려면 어떠한 순서로 해야 성공적으로 수행할 수 있는지를 다루었다. 제7장 "실직, 퇴직은 새로운 시작이다"에서는 실제로 실직이나 퇴직했을 때 어떠한 충격이 다가오는지, 이러한 충격에 어떻게 대비해야 하는지를 다루었다.

부디 이 책을 통해 성공적인 전직과 은퇴쇼크를 최대한 줄이게 되기를 바란다.

2011년 2월
일산의 서재에서 전도근

차례

머리말 은퇴는 언젠가는 온다

제1장 박수칠 때 기분 좋게 떠나라

제2장 아름다운 박수 받는 '떠남'의 순간?

제3장 전직하려면 직업 트렌드를 읽어라

제4장 미래를 주무르면 '은퇴쇼크' 없다

제5장 1톤의 생각보다 1그램의 실천이 옳다

제1장

박수칠 때
기분 좋게
떠나라

GE의 전 회장이었던 잭 웰치Jack Welch는 "당신의 운명을 통제하라. 그렇지 않으면 누군가 그렇게 할 것이다."라고 말했다. 여러분의 삶에서 누가 운명의 키를 잡고 있는가? 여러분 자신인가? 아니면 회사인가? 노예의 삶이란 바로 회사로부터 간섭받고 통제받는 삶이다. 직장에서 회사나 상사로부터 관리와 감독을 받는 것은 어쩔 수 없는 상황이다. 그러나 그 현실은 서글프다. 하루하루 출근하는 것이 지겹고 근무 활동이 고달프다고 느낀다면 여러분의 운명은 직장이 쥐고 있는 것이다.

적과의 동침을 언제까지 하느냐는 개인이 결정할 일이나, 노예근성은 하루빨리 버리는 것이 좋다. 나쁜 주인이 당신을 쓸모없어질 때까지 부려먹은 뒤 내팽개칠지도 모른다고 생각한다면, 당신은 선택해야 할 것이다. 다가올 미래를 마냥 기다릴 것인지, 아니면 직장을 스스로 그만둘 것인지.

1

'예스맨'은 노예가 되는
지름길이다

취업을 간절히 원했던 사람이라면 직장에 첫 출근하는 날 세상을 다 얻은 듯한 기분일 것이다. 자신의 목표가 실현되었기 때문이다. 직장생활의 처음은 즐거움의 연속이다. 일을 배우는 것 자체도 재미있고, 일과 관련해서 새로운 사람들을 알아가는 것도 즐거운 일이다. 특히 업무 능력을 인정받았을 때에는 더없는 행복감을 만끽할 것이다. 그러나 이처럼 행복한 직장생활은 오래 지속되기 어렵다. 직장인들에게는 승진과 출세를 위한 올인이 요구되기 때문이다. 현실적으로는 회사의 업무 목표를 달성하기 위해 계획을 수립하고 야근에 특근까지 감당해야 한다.

자본주의를 '악당경제학'이라는 하나의 키워드로 설명한 『적과의 동침』Rogue Economics이라는 책을 보면, 저자인 로레타 나폴레오니Loretta

Napoleoni는 21세기는 자본주의와 세계화 때문에 노예시대의 절정을 맞고 있다고 주장한다. 직장인은 행복을 이루기 위한 방편으로 악당과 손을 잡았고, 그들의 논리에 따라 살게 되었다는 것이다. 그리하여 싼값에 고용되었다가 퇴직하는 젊은 인재들은 사실상 현대판 노예라고 말하고 있다. 나폴레오니의 주장에 따르면, 직업을 갖는다는 것은 회사라는 '악당'과 타협하는 것이다. 다시 말해 회사는 배고프지 않을 정도의 보수를 지급하고서 책임감과 주인정신을 가지고 일할 것을 요구하는 악당인 셈이다. 이러한 주장은 회사로부터 생계와 안전한 일상을 제공받는 대가로 자신의 노동력을 바치는 직장인들이 점점 이 관계에 길들여지고 노예처럼 되어버리는 상황을 설명하고 있다. 실제로 우리는 잠시의 편안함을 위하여 노예가 되기를 자청하고 있는 것은 아닐까?

우리의 직장 문화를 살펴볼 때, 회사에 입사하게 되면 알게 모르게 우리는 예스맨이 되도록 길들여진다. 어떤 경우든 '예!' 하고 상사에게 동의하도록 교육을 받는다. 이러한 직장 문화가 조성된 데에는 여러 가지 영향이 있다.

첫째는 유교 도덕사상의 기본이 되는 다섯 가지 항목에 해당하는 장유유서長幼有序의 영향이다. 나이가 사회적 관계와 질서를 형성하는 데에 중요한 역할을 하는 우리 문화의 특성상 이러한 상하 관계가 흔들리면 조직 내 혼란이 발생한다고 여기는 경향이 있다.

둘째는 상명하복上命下服의 군대 문화의 영향이다. 우리 사회는 군대라는 조직의 체계방식이 회사라는 조직에도 그대로 적용되는 흐름이 형성되어 있다.

셋째는 주입식 또는 오지선다형의 객관식 학교 교육의 영향이다. 어려서부터 이러한 교육 방식에 길들여지면 성인이 되었을 때 주도적으로 일하기보다는 주어진 일을 수동적으로 수행하는 경향을 드러낸다. 이러한 영향 아래 직장인들은 예스맨으로 길들여진다.

여기서 발생되는 또 다른 문제는 자신의 삶을 점검해 볼 겨를도 없이 모든 에너지를 회사에 다 쏟으며 살아간다는 점이다. 우리는 업무에 쫓기는 생활 속에서도 희망을 갖고 있다고 여기며 스스로 격려 아닌 격려를 해보기도 한다. 하지만 실제로는 자기 삶의 궁극적 목표를 정해서 계획을 짜거나 그 실현을 위해 노력하지는 않는다. 일에 떠밀려 차일피일하다가 어느 날 문득 텅 빈 공허감에 빠져버리는 것이 우리들의 모습이다. 그리고 회사를 그만두게 되는 순간, 무엇을 위해 그토록 열심히 일했는가 하고 후회를 하기도 한다.

타성적으로 직장생활을 하는 노예근성으로는 아무 것도 할 수 없고, 아무 것도 이룰 수 없다. 특히 전직을 고려하고 있거나 자신에게 어울리는 일을 찾겠다고 결심할 때, 가장 먼저 자신 안에 배어 있는 노예근성을 버려야 한다. 좀 더 나은 회사, 좀 더 많은 연봉만을 추구한다면 똑똑한 노예는 될 수 있어도 스스로 주인이 되는 생활은 이룰 수 없다.

당신은 삼초땡인가,
부친남인가

최근 발표된 통계청 자료에 따르면 공식 실업자가 100만 명을 넘고, 실업률은 4%대 진입이 예상된다고 한다. 어느 아르바이트 구인·구직 포털에서 20대 대학 졸업생과 취업 준비생을 대상으로 조사한 결과를 보면, 10명 중 4명은 취업을 포기한 것으로 나타났다. 10명 중 6명은 취업 스트레스가 최고조에 달해 취업난을 이유로 자살충동을 경험했다고 한다.

경기 침체와 더불어 사상 최악의 취업난 속에서 사회 초년생들이 월급 88만 원에 직장생활을 시작한다는 의미로 '88세대'라는 말이 나오기도 했다. 대학을 졸업하고 직장을 얻기 위해 고군분투하는 젊은이들은 이러한 처지를 자조하듯 '저주받은 세대'라고 표현하기도 한다.

언론에서는 88만 원 세대의 고통스러운 취업난에 대한 실상을 보도하고, 그 해법으로 정부가 제시하는 인턴제 확대 실시 등의 내용을 주요하게 다루고 있다. 뿐만 아니라 드라마나 대중가요와 같은 매체에서도 이 시대의 불안한 현실을 반영하고 있다. 예를 들어 얼마 전 높은 시청률을 올렸던 TV드라마를 보면, 일류대 출신의 실직자인 남편을 취직시키고 출세시키기 위해 내조하는 아내의 활약상을 그림으로써 요즘의 실업난을 반영하고 있다. 또 어느 유명한 록 밴드는 88만 원 세대의 현실을 고발하는 노래를 발표하기도 했다.

어느 조사에 따르면 구직자의 70% 정도는 학력을 낮춰서라도 취직할 의향이 있으며, 구직자의 58% 정도는 청탁을 해서라도 취직할 뜻이 있다고 한다. 입사할 수만 있다면 연봉이 적어도 감수하고, 성형수술도 할 용의가 있다고 한다. 문제는 이렇게 어렵게 취직한 사람들이 퇴사에 대한 충동을 자주 느끼게 된다는 사실이다. 한 취업 전문업체에서 직장인을 대상으로 설문조사한 결과, 응답자의 83.2%는 회사에 다니는 동안 한 번 이상 퇴사에 대한 강한 충동을 느낀 적이 있으며, 이들 가운데 40% 정도는 퇴사 충동으로 인해 사표를 작성해본 적이 있다고 답했다.

최근 어느 온라인 취업 사이트에서는 '직장인이 사표를 쓰고 싶은 순간'이라는 주제로 조사를 했는데, 가장 많은 경우가 '상사가 나를 샌드백으로 생각할 때'[20.7%]로 조사되었다. 그 다음으로 '친구 연봉이 훨씬 더 높을 때'[11%], '동료와 오해가 쌓여 관계가 안 좋을 때'[10.9%], '잡무들로 내 일은 퇴근 후에 시작될 때'[10.9%], '높은 연봉, 승진 보장 스카우트 제의가 왔을 때'[10.4%], '잦은 야근으로 노안이 되었을 때'[10.1%],

'주말까지 반납했는데 성과가 안 나올 때'[9%] 등의 순이었다.

하지만 실제로 사표를 제출한 직장인은 39.3%였으며, 이들 중 20.8%는 사표 제출을 후회한 적이 있다고 답했다. 그 이유로는 '경기 불황으로 재취업이 어려워서'[32.3%]를 첫 번째로 꼽았다. 이어 '더 열악한 회사에 들어가서'[24.7%], '경력 관리에 도움이 되지 않아서'[12.9%], '충동적인 결정이라서'[10.8%], '경제적으로 힘들어서'[10.8%] 등의 순이었다. 반면 사표를 제출하지 않은 직장인의 44.9%는 '마땅히 이직할 곳이 없어서'라고 답했다. 이외에도 '경제적인 문제 때문에'[17.8%], '경력 관리에 도움이 안 되기 때문에'[9.3%], '입사한 지 얼마 되지 않았기 때문에'[9%], '충동적인 생각이라서'[7.5%] 등의 의견이 있었다.

업무량이 현저하게 감소하였거나 3년 이상 연봉이 오르지 않았다면 회사의 상황을 점검해 볼 필요가 있다. 158년의 역사를 지닌 미국 4위의 증권사, 리먼브라더스와 같은 글로벌 기업도 파산하는 상황에 우리의 직장이 계속 안전할 리는 없다. 회사의 위기를 직감했다면 과감하게 도전하여 행동으로 옮겨야 한다. 이런저런 이유 때문에 고민만 하고 실행에 옮기지 못한다면 결국 회사와 함께 좌초되고 말 것이다.

많은 직장인들이 회사의 위기를 직감하고도 이직이나 전직을 하지 못하는 이유는 무엇일까? 우선 직종을 바꾸려면 새로운 기술을 익혀야 한다는 두려움이 크기 때문이기도 하고, 회사를 옮기고자 해도 근속연수에 비해 특별히 내세울 만한 능력이 없다고 느끼기 때문이다.

회사라는 안전한 울타리 안에서 지내던 직장인으로서는 어느 날 갑자기 험한 세상으로 나가야 하는 상황에 맞닥뜨렸을 때 정신적인 공황에 빠지게 된다. 별 탈 없이 오랫동안 회사 생활을 할 것이라 믿었던 경우에는 이러한 갑작스러운 변화에 대비하지 않았기 때문에 더욱 당황하게 된다. 직장생활을 오래 해온 사람일수록 더욱 그렇다.

요즘 우리 사회에는 외환위기 때처럼 경기 침체로 뒤숭숭한 분위기를 반영하는 신조어들이 나타나기 시작했다. '삼초땡, 에스컬레이터족, 부친남, 고용 빙하기' 등의 유행어는 불안한 고용시장 상황에서 태어난 자조적 표현들이다. 그러나 이러한 상황이 왜 발생되었고 누구의 책임인지를 따져서 탓하고 있을 수만은 없다. 이미 지금의 한국은 회사든, 사회든, 국가든 개인을 지켜주지 못하는 시대이다.

실정이 이렇다면 회사나 사회나 국가를 원망하고 비판할 시간이 없다. 스스로 헤쳐 나갈 수 있도록 무장해야 한다. 스스로 일어나야 한다. 자기 자신의 비전과 목표를 찾아야 한다. 회사는 배고프지 않도록 밥은 먹여줄 수는 있겠지만 우리의 꿈을 대신 이뤄주지는 않는다. 배는 조금 고프더라도 스스로 꿈을 찾고 키워야 한다.

취업과 관련된 신조어

이퇴백 20대에 스스로 직장을 뛰쳐나오는 사람을 일컫는 말이다. '일단 어디라도 들어가고 보자'는 급한 마음에 취업했다가 적성이나 근무조건이 맞지 않아 조기 퇴사하는 경우를 빗댄 말이다.

삼초땡 고용환경이 악화되어 30대 초반이면 명예퇴직을 생각해야 한다는 뜻이다.

에스컬레이터족 자신의 스펙을 키우기 위해 좀 더 나은 학교로 편입학을 하여 몸값을 올리는 실업 예정자 또는 졸업 백수들을 일컫는다.

강의 노마드(유목민)족 전공 과목보다는 토익이나 취업 강좌에 몰두하는 사람들로, 바늘구멍 통과하기와도 같은 취업의 현실이 만들어낸 표현이다.

방살이(고시원 쪽방 생활) 취업을 포기한 채 고시로 눈을 돌려 고시원을 전전하는 젊은이를 말한다.

부친남 연봉 많고, 아내에게 자상하며, 얼굴도 잘생긴 '부인 친구 남편'의 줄임말이다. 직장을 잃었거나 박봉에 시달리는 남편을 둔 아내들의 이상적 남편상을 대변하는 말이다.

은퇴 남편 증후군 실직한 남편 때문에 스트레스를 받아 신체적·정신적 이상을 겪는 여성들의 상태를 말한다.

3

업무량↑ 연봉↓ 입사를
후회하다

한 온라인 취업 사이트에서 직장인을 대상으로 '회사에 입사한 것을 후회한 경험이 있습니까?'라는 설문을 진행한 결과, 직장인 10명 중 8명은 그렇다고 대답한 것으로 조사되었다. 연령대별로 살펴보면 30대는 82.4%, 20대는 82.2%, 40대는 75.4%, 50대 이상은 45.4%로, 젊은 계층이 더 높은 비율을 나타내고 있다.

입사를 후회하게 된 이유로는^{복수응답} '업무량에 비해 연봉이 너무 적을 때'^{45.7%}가 가장 높았고, '회사의 비전이 안 보일 때'^{44.8%}가 근소한 차이로 그 뒤를 이었다. 다음으로 '회사 일에 치여 사생활이 없을 때'^{36%}, '상사나 동료와 마찰이 있을 때'^{32.7%}, '자기계발이 안 될 때'^{30.9%}, '업무가 적성에 안 맞을 때'^{27.3%} 등의 순이었다.

한편 입사를 후회하지 않기 위한 노력으로 '국어, 자격증 등 자기계발에 힘쓴다'[37.9%]라고 대답한 직장인이 가장 많았다. 이밖에 '업무와 휴식 시간의 균형을 맞춘다'[18%], '인정받기 위해 성과를 낸다'[13.8%], '상사, 동료와 대화의 시간을 가진다'[13.1%] 등의 의견이 있었다.

결국 '업무량에 비해 연봉이 너무 적을 때' 입사를 후회한 의견이 가장 많은 것을 보면, 대부분의 직장인들은 연봉의 액수에 영향을 많이 받는다는 것을 알 수 있다. 그리고 직장인들은 더 많은 연봉을 받기 위하여 자기계발이나 사생활도 포기한 채 일에 매달리지만, 실제로는 원하는 만큼 연봉을 받지 못한다는 사실도 파악할 수 있다.

연봉에 관한 최근 설문조사 결과를 보면, 연봉제 기업에 재직 중인 직장인들의 연봉협상이 제대로 이루어지지 않는 것으로 나타났다. 즉 회사 방침이라는 이유로 일방적으로 연봉이 결정된다고 답한 경우가 69.4%였다. 또 올해 결정된 연봉에 대해 77.4%가 '만족하지 않는다'라고 답했으며, 그 이유로는 '충분한 금액이 아니라서'[47.8%]라는 의견이 가장 많았다. 이것은 대부분의 기업에서 진행되는 연봉협상이 회사의 기준으로 연봉을 측정해서 적정성 여부를 평가하는 것일 뿐, 근로자 개인의 능력에 대해 협상하는 것이 아님을 의미한다. 말하자면 프로 스포츠 선수처럼 그 능력을 따져서 몸값을 재조정하는 것이 아니라 회사에서 책정한 대로 연봉을 결정하는 것이다.

모든 경영자는 직원에게 급여 이상의 성과를 원한다. 따라서 연봉을 많이 받는다고 해서 무조건 좋아라 할 것만은 아니다. 세상에 공짜가 없듯이 연봉을 많이 받는 만큼 책임져야 할 일도 많은 것이다. 실제로 국내 굴지의 어느 기업체 직원들은 연봉이 높은 만큼 살인적인 업무에 시달린다고 한다. 그런가 하면 정년이 보장되고 안정된 회사일수록 연봉이 적은 편인데, 여기에는 다 그만한 이유가 있는 것이다. 결국 경영자는 항상 직원에게 낮은 연봉을 주고 많은 성과를 거둬들이려는 입장에 있다. 따라서 직장인은 남들보다 업무 능력이나 실적이 높아야만 살아남을 수 있다. 그에 맞는 성취를 이루지 못하면 언제든지 밀려나거나 퇴사당할 수 있는 것이다.

4

누가 승진하고
누가 퇴출당할까?

지금 여러분들의 삶은 행복한가? 사람에 따라 차이는 있겠지만 회사에서 보내는 시간이 많기 때문에 회사에서 사용되는 시간의 품질에 따라 행복도가 결정된다고 말할 수 있다. 그러나 많은 직장인들은 다람쥐 쳇바퀴 돌듯 반복되는 일상 속에서 과중한 업무와 프로젝트에 시달린다. 야근에 특근까지, 각박한 근무생활을 감수하면서 자신의 노력과 열정에 대한 보상을 받을 것이라고 기대하지만 현실은 그렇지 않다. 일을 많이 처리할수록 더 많은 일이 기다린다. 회사는 우리의 젊음과 청춘, 그리고 열정을 바치라고 요구한다.

우리가 흔히 말하는 '회사에 다닌다'는 표현 속에는 어떤 의미가 있을까? 이 말에는 자신과 회사 간의 시간에 대한 계약이 내포되어 있다. 회사는 시간을 기준으로 개인이 제공하는 노동의 대가를 산정한다. 따라서 개인은 근무 시간을 늘릴수록 더 많은 돈을 벌 수 있다는 계산이 가능하다. 하지만 물리적으로 시간은 하루 24시간으로 제약되어 있으며, 시간 계약에 의해 벌 수 있는 돈 역시 제약적이다. 어떤 사람은 회사를 8년 다녔는데, 입사할 때의 월급과 퇴직할 때의 월급이 똑같았다는 이야기를 쓸쓸하게 한 적이 있다. 실제로 OECD에서 발표한 자료를 보면, OECD 회원국 중에서 한국인의 연간 근무시간은 가장 긴 반면 삶의 만족도는 하위권을 맴돌았다.

요즈음 어느 케이블 방송에서 「시마과장」이라는 제목의 드라마가 상연되고 있다. 이 드라마의 원작은 켄시 히로카네의 연재만화로, 주인공인 '시마 코사쿠'가 말단 사원에서부터 사장에 오르기까지 직장인의 삶과 애환을 담고 있다. 이 만화는 일본에서 열풍을 일으켰는데 우리나라에서도 직장인의 필독서라 할 만큼 인기를 얻었다. 전형적인 직장인인 시마는 회사 내 파벌에 휩쓸리거나 상사에게 아부하지 않는 대신 인간 중심이라는 원칙 안에서 일을 한다. 때로는 조직의 시스템을 거부하고 신념 대로 밀고 나가기도 하지만 조직의 원리 밖으로 벗어나지 않는다. 모든 의견을 충분히 듣고 조정하는 타입으로 화합을 중시한다. 또 평범하지만 공정하고 합리적으로 행동하려고 애쓴다. 파벌이 없다는 이유로 한때 골칫덩이 부하 직원이었던 상사 밑에서 영업직원으로 일하기도 하고 와인사업부로 좌천되기도 하지만, 시마는 어떤 상황에서도 자신의 최선을 다한다.

이 만화에서 우리는 회사라는 시스템의 일원으로 살아간다는 것은 개인의 욕망과 이상보다는 '보편타당성'과 '명령'에 따라 살아야 함을 느끼게 된다. 시마는 자기주장을 내세우지 않고, 회사가 요구하는 목표를 구현하기 위해 전력을 다한다. 그는 회사가 이윤을 추구하지만 그로써 곧 직원들의 행복을 도모하고, 나아가 국가의 번영을 가져온다는 소박한 이상을 가지고 있기 때문이다.

일 때문에 이혼까지 하는 시마는 어찌 보면 회사에 올인하는 '회사인간'이다. 하지만 그는 회사에 충성했다기보다는 자기 일에 충성을 바친 유형이라고 봐야 한다. 회사를 위해 일을 했다면 말 그대로 월급쟁이일 뿐이지만 시마는 자기의 일에 모든 것을 건, 요컨대 '일 인간'이었기 때문에 성공했다.

한국의 대기업에서 '개인의 존중'이라는 가치를 사훈이나 기업이념으로 내세운 경우가 있을까? 과연 그 문제에 대해 한 번이라도 진지하게 생각하고 고민해 본 경영자가 얼마나 되는지도 의문이다. 아마도 'Respect For The Organization'이 아닐까? 대기업에 다니는 사람들을 보면 이들이 얼마나 자신의 삶을 '소모'하고 있는지 소름이 끼칠 정도이다. 예를 들어 48시간 동안 한숨도 못자고 사무실에서 한 팀 전부가 일했다는 사람도 있다. 이것은 '개인적 삶'이라는 것은 입 밖으로 꺼낼 수 없는 정도가 되어버린 '회사인간'의 경우이다. 꼬박꼬박 월급 주고, 대기업 직원으로서 경력이 붙고, 가끔 인센티브 지불할 테니 개인의 모든 것을 회사에 올인하라는 것이 기업의 이데올로기이다. 여기서 끝까지 버티고 살아남은 자들은 임원이나 경영진으로 승진하여 '절대권력'을 부하들에게 행사할 수 있게 된다.

이를 바라보는 직장인들은 '인생 한 방'이라고 외친다. 자신도 그들처럼 될 수 있으리라는 희망으로 직장생활을 버텨보지만, 결국 세상으로부터 날아든 가벼운 한 방에도 간단히 나가 떨어지곤 한다. 이들은 "인생 뭐 있어? 그냥 안 되면 마는 거지. 한 방도 운이 좋아야 하는구나. 이놈의 인생은 운도 지지리도 없지." 하는 푸념과 함께 결국 평생 동안 한 방도 못 날리고 삶을 접는다. 미안하지만 삶은 한 방이 아닌 수십 방이며, 그 수십 방이 모여 삶을 결정짓는 한 방이 되는 것이다. 그리고 반드시 인생에는 '뭐' 있다.

김연아와 아사다 마오의 경기를 보면서 많은 사람들이 눈물을 흘렸다. 이제 18세인 그녀들의 경기에서 감동을 느꼈기 때문이다. 우리는 그들이 펼치는 짧은 순간의 연기를 보고 감동을 느끼지만 그 감동은 결코 한 번의 경기만으로 만들어진 것이 아니다. 그렇다. 누군가는 승진하고 누군가는 퇴출당한다. 과연 그것이 운이 좋거나 나빴기 때문이라고 말할 수 있을까? 그런 경우는 거의 없다. 그들의 운명을 결정한 것은 실력이다. 꿈꾸고 배우고 노력한 사람은 꿈조차 없이 삶의 노예가 된 사람과 큰 차이를 벌여놓는다.

5

방전되기 전에
배터리를 충전시켜라

자신이 핵심 인재라는 착각 속에서 직장생활을 하는 사람들이 있다. 실제로 회사 안에서 자신의 존재감이 어느 정도인지 조사한 바 있는데, 물음에 답한 직장인의 57.8%는 자신이 '있으면 좋은 존재'라고 답했다. 또 '없어서는 안 될 존재'라고 답한 경우는 21.1%, '있으나 마나 한 존재'라고 답한 경우는 11.4%였다.

여기서 우리가 꼭 명심해야 할 것은, 회사가 아무에게나 돈과 시간을 투자하여 핵심 인재로 키우려 하지 않는다는 것이다. 회사는 우리의 경력이나 미래에 대하여 어떤 식으로든 책임을 지지 않으며 책임질 수도 없다. 우리는 정해진 기간 동안 일하고 언젠가는 회사를 떠나야 한다. 운 좋게 능력을 인정받아 정년퇴직까지 생존하는 사람도 있다. 하지만 시키는 대로 충성을 다해 일했지만 어느 날 갑자기 해고되는 경우도 적지 않다.

통상 직장인을 '배터리'라고 표현하기도 한다. 알다시피 배터리는 전지가 다 소모되면 언제든 새것으로 교체될 수 있다. 직장인도 배터리처럼 배운 지식과 정보를 습득하고 실천하지 않는다면 자신이 가진 능력이 전부 소진되기 때문에 곧 버려질 것이다. 기억해야 할 것은 절대 회사에서는 당신을 충전시켜 주지 않는다는 것이다. 손쉽게 새로운 배터리를 구매할 뿐이다. 회사에서 살아남기 위해서는 당신 스스로 충전해야 한다. 충전이란 무엇일까? 직장인에게 충전이란 조금 더 나은 직무를 수행할 수 있는 실력을 갖추는 것이다.

경기불황이 계속되면서 국경·업종을 불문하고 감원 공포가 불어닥쳐 전 세계 직장인들의 마음을 옥죄고 있다. 실제 어느 한 교육 사이트에서 직장인을 대상으로 '최근 감원 공포를 느낀 적이 있는가'에 대해 설문조사를 한 결과, 응답자의 77.2%[312명]가 '그렇다'고 답했다. 감원 공포 때문에 신경과민이나 자기비하, 식욕 및 수면 부족 등과 같은 스트레스 부작용도 잇따르는 것으로 나타났다. 이와 같은 감원 불안감을 해소할 수 있는 방법으로는 '조직 구성원들과 친밀감을 높인다.'[33.7%]는 응답이 가장 많아 서로 의지할 수 있는 직원들과의 관계가 무엇보다 중요한 것으로 나타났다. 그다음으로 '운동을 한다'[25.8%], '나를 도울 수 있는 전문가를 찾는다'[19.6%], '잠을 잔다'[6.9%], '수다를 떤다'[5.5%], '규칙적인 식사로 안정감을 유지한다'[1.7%], 기타[6.8%] 등의 순으로 조사됐다.

더욱이 회사에서 잘리지 않기 위하여 노력하는 사람이 94.4%나 되었다. 응답별로 보면 '스스로 일을 찾아서 한다'는 응답이 전체의 22.6%로 1위를 기록했다. 다음으로는 '멀티플레이어가 된다'[19.4%], '업무성과를 부각시킨다'[15.1%], '프로페셔널리스트가 된다'[12.2%], '인맥관리를 철저히 한다'[11.4%], '상사에게 인정받는다'[8.2%], '일하는 모습을 노출시킨다'[5.5%] 등의 순으로 나타났다.

결국 직장인이 되면 77.2%가 언젠가는 감원될지 모른다는 불안감을 가지고 근무를 하고 있으며, 살아남기 위하여 회사에서 필요한 능력을 충전해야 한다는 것이다. 따라서 직장에 오랫동안 남아 있으려면 직무능력 향상을 위한 부단한 노력을 해야 장기적으로 볼 때 개인 경력관리와 업무성과 향상에 큰 도움이 될 수 있다. 이 때문인지 불황이지만 오히려 직무 교육을 비롯한 자기계발에 시간을 할애하는 직장인들이 요즘 부쩍 늘고 있는 추세이다.

언젠가 퇴직해야 할 현실이라면 회사를 위한 직무 교육과 자기계발을 할 것이 아니라 틈틈이 자신의 퇴직 후를 위한 직업 능력과 자기계발을 진행해야 한다. 그렇지 않으면 나중에는 완전 방전된 배터리만 남은 채 퇴직을 해야 한다. 여러분은 한번 방전되면 그 인생 배터리는 더 이상 사용할 수 없다는 것을 알 것이다. 따라서 완전히 방전되지 않도록 자신을 위한 자기계발을 해야 한다.

6

월급은
'마약'이다

직장을 다니는 가장 큰 이유 중 하나는 경제적으로 안정된 생활을 보장받기 위해서다. 넉넉한 생활을 하기에는 대개 급여가 부족한 편이지만, 보너스라도 지급될 때면 직장생활의 달콤한 맛을 음미하게 되기도 한다. 그러다가 일이 고되거나 상사 눈치를 봐야 하거나 자유롭지 못한 신세를 느낄 때면 우울해지기도 한다. 심한 경우에는 "에이, 더 이상은 못 참겠다. 사표 써버리고 만다!"라면서 사표를 써보기도 했을 것이다. 봉급생활자 중에서 이런 생각을 안 해본 사람이 있을까?

그렇지만 누구나 쉽게 사표를 쓰지는 못한다. 월급이라는 '마약'을 받기 때문이다. 월급은 직장생활의 가장 중요한 동기이자 목적이 되기도 한다. 일정한 날에 일정한 금액으로 보상을 받을 수 있다는 것은 우리 생활에서 중요한 부분이다. 월급을 받지 못하게 되면 당장 금단 증세를 느끼게 되고, 그것이 두려워 다시 월급 생활자로 복귀하게 된다.

우리는 언제부터인지 월급을 저당 잡히고 살아가고 있다. 우리가 쓰는 신용카드가 바로 대표적인 경우다. 당장은 현금이 없어도 후불제인 신용카드를 이용해서 우리는 사고 싶은 물건들을 살 수 있다. 그 소비의 담보가 바로 월급이다. 이러한 생활은 우리를 월급이라는 마약에 더욱 빠져들게 만든다. 월급이라는 중독성 강한 마약이 꾸준히 투여되지 않으면 생활 자체가 유지될 수 없기 때문이다.

대부분 직장인들은 자신의 현실에 불만이 있다 해도 월급이라는 달콤한 마약 때문에 어쩔 수 없이 직장에 안주하게 된다. 그러한 처지는 나이가 들수록 더해간다. 점점 소비할 일은 많아지는데 월급은 그대로이거나 조금밖에 인상되지 않는다면 결국 직장생활에 대한 의욕도 저하되고 생활의 만족도 역시 현저히 떨어지게 된다. 이성적으로 판단할 때 더 많은 급여를 받기 위해선 자기계발을 해야 하지만 이미 현실에 안주하는 관성 때문에 우리는 자기 자신에게 투자할 용기를 내지 못한다. 월급이라는 마약이 우리를 현실에 순응하게 만들어 버린 것이다. 더욱이 가족을 책임져야 할 가장이라면 월급은 더욱 중요한 가치를 지닌다. 매달 규칙적으로 지출될 수밖에 없는 자녀 교육비, 생활비, 공과금 등은 월급이 아니면 해결할 수 없는 부분이다. 따라서 현재의 급여가 너무 적다고 불평해 본들, 또 부과된 일이 자기에게 맞지 않다고 느낀다 한들 우리는 월급이라는 마약을 포기할 수 없다. 지금보다 더 나은 미래를 추구하고 싶어도 현재의 삶을 당장 포기할 수는 없기 때문이다.

우리는 월급생활에 안주하고 있지는 않은지, 단 한 달이라도 월급을 의식하지 않고 살아갈 수 있는지 생각해 보자. 직장생활의 의미가 월급뿐이라고 느낀다면, 직장이라는 온실 속에서 안일하게 살지 않는가를 반성해야 한다. 만약 더 나은 자신의 미래를 위해서 용감하게 도전할 용기가 있다면 늦기 전에 온실을 탈출해야 한다. 스스로의 의지로 온실을 벗어나지 못한다면 당신은 타의에 의해서 온실에서 쫓겨나게 될 것이며, 더 큰 시련을 만날 수 있다.

7

자신을 위한 일과
씨름하라

직장인을 대상으로 '나는 일중독자^{워커홀릭}인가?'라는 주제로 설문조사를 실시한 결과, 직장인의 65%는 스스로 본인이 일중독자라고 대답한 것으로 나타났다. 그렇게 생각하게 된 이유에 대해서는 '항상 야근을 하거나, 주말에도 일하기 때문'^{38%}이라는 대답이 가장 많았다. 다음으로는 '시작한 업무는 꼭 야근을 해서라도 곧바로 끝내야 하기 때문'^{35%}이었다. 또한 '일을 다 하고도 불안해서 편안히 쉴 수가 없어서'와 '일을 끝내자마자 바로 새 일을 만들기 때문'이 각각 14% 정도였다. 직급별로는 차장, 부장급이 81%, 사원급이 67%, 과장급이 59%, 대리급이 54%로 나타나, 직급이 높을수록 일중독자의 증상이 강해지는 경향을 보이고 있다.

문제는 그 일이 자신을 위한 일이 아니라 회사를 위한 일이라는 것이다. 어떤 일이든 자기 일이라고 생각하면 즐겁게 할 수 있지만 남의 일이라고 생각하면 흥미를 잃는 것이 인지상정이다. 통계에서도 보듯이 직급이 높을수록 회사의 일을 자신의 일처럼 여기는 경향이 있다. 그러나 일반 사원들은 대부분 회사의 일을 자기의 일로 받아들이지 않기 때문에 받은 만큼만 일하려는 경향이 강하다.

뜨거운 여름, 사막을 여행한다고 가정해 보자. A라는 사람은 스스로 원해서 온 여행이 아니라 누군가의 심부름으로 온 경우이다. 그는 사막을 걷는 동안 쉽게 지치고 너무 뜨겁다고 투덜대거나 화를 낼 것이다. B라는 사람은 사막의 지도를 만들겠다는 생각으로 오게 된 경우이다. 그도 사막을 걷는 게 힘이 들지만 자신의 목표가 뚜렷하기 때문에 그 목표의 실현이 가까워질수록 점점 의욕을 느낄 것이다.

이처럼 자신이 하는 일이 즐거운 일인지, 힘들고 하기 싫은 일인지는 바로 생각의 차이에서 시작된다. 회사의 일은 분명 내 일이 아닌 회사의 일이고, 내가 직접 운영하는 사업보다 재미없는 일이다. 회사에서는 게으르던 사람도 퇴직한 뒤 자신만의 사업을 꾸리게 되면 열심히 일하게 된다. 바로 자기 일을 하기 때문이다.

인생을 살면서 남의 일만 하면서 평생을 살 것인지, 자신의 일을 하면서 살 것인지는 본인이 선택해야 한다. 남의 일만 한 사람들은 자신의 일을 통해서 얻는 자아실현의 기쁨을 맛보기 어렵다. 인생 자체가 자신의 삶이기보다는 회사를 위한 소모적 삶이라고 느끼기 때문이다. 반면 자신의 일을 한 사람은 자신의 삶을 살았기 때문에 무언가 이루었다는 뿌듯함을 남길 수 있다. 물론 허무함에 빠지지도 않을 것이다.

지금까지 자신의 일보다는 남의 일을 하느라 인생의 즐거움을 느끼지 못했다면, 이제 자신을 위한 일에 투자하자. 자신의 일을 함으로써 느끼는 성취감이야말로 인생을 행복하게 하는 요인인 것이다. 그러한 자아 성취감을 한 번 느껴본 사람은 자신의 삶을 위한 것 외의 남의 일을 할 수 없게 된다. 그 '한 번'을 맛보기까지의 과정이 쉽지는 않겠지만, 일단 도전을 한 뒤에는 진정한 자기 인생을 맞을 수 있을 것이다.

8

월급은 머리 검나게 모아도 '티끌'

직장인은 부자가 되기 어렵다. 월급이란 아무리 많이 받아도 일한 만큼 받는 것이기 때문에 모으는 데 한계가 있다. 직장생활을 통해 부를 축적한 사람이 얼마나 되는지 주변을 돌아보라. 직장생활이 안정을 줄 수는 있다. 하지만 그 이상의 부富를 제공해 주지는 않는다. 지금 진정으로 바라는 게 '부'라면 직장생활은 제고해 봐야 할 부분이다.

'월급봉투는 유리지갑'이라는 말이 있듯이, 자기 혼자 살기에도 풍족하지 않은 월급에서 국가는 꼬박꼬박 세금을 원천 징수해 간다. 더욱이 천정부지로 뛰는 물가 때문에 월급봉투는 점점 얇게만 느껴진다. 결혼한 경우에는 말할 것도 없다. 아이들 양육비는 물론 학비까지 쪼개다 보면 빠듯하다 못해 부족한 지경이다. 은행의 급여통장 대신 CMA를 이용하고, 푼돈이라도 모아 펀드에 투자하고, 혹시 모를 과로사를 위해 보험금도 착실히 붓는다. 집도 마련해야 하고, 노후생활을 위한 자금도 준비해 둬야 한다.

결국 내 집 마련이나 노후생활을 대비하려는 직장인들에게 재테크와 은퇴 설계는 최대 관심사 중 하나다. 그래서 회사 동료나 친구들과 모인 술자리에서 괜찮은 재테크 비결이 화제에 오르면 절로 귀가 솔깃해진다. 그러나 금융권의 대출 심사가 까다로워지면서 예전처럼 은행돈으로 부동산 투기를 할 처지도 못된다. 오히려 투자할 돈이 없는 자신의 무능력을 한탄하게 되기도 한다.

실제로 대기업 5년차에 연봉 4,000만 원을 받는 외벌이 직장인과 대기업 15년차에 연봉 7,500만 원을 받는 직장인의 생활비를 비교하면 다음과 같다. 대기업 5년차의 가정에서는 월급으로 한 달에 320만 원을 받아서 생활비를 제외한 50만 원 정도를 적금할 수 있다. 반면 대기업 15년차 가정에서는 한 달 월급으로 600만 원을 받아서 생활비를 제외한 100만 원 정도를 적금할 수 있다. 두 가정을 비교해 볼 때, 280만 원을 더 받는 가정조차도 아이들이 성장하거나 생활의 규모가 커지면서 큰돈을 모을 수는 없다.

50만 원씩 10년 동안 불입하면 이자와 합쳐 7,000만 원이고 100만 원씩 불입했을 때 1억 4,000만 원 정도 모을 수는 있지만, 어차피 집을 사려면 융자를 받아야 한다. 더욱이 자식들이 대학생이 되면 목돈의 학자금이 지출되기 때문에 적금으로 모은 돈을 써버리는 경우가 많다.

요즘 떠도는 이야기 중에 자녀교육에 신경 쓰면 노후생활이 없다는

(단위 : 만 원)

상황	대기업 5년차(외벌이)	대기업 15년차(외벌이)
월급	320	600
보험료	35	80
아이들 교육비	50	80
식비	45	80
용돈	50	100
공과금	50	100
차량유지비	30	50
적금	50	100
기타	10	10

말이 있다. 일반적인 월급쟁이들은 돈을 모아 간신히 집 한 채를 구하고 나면 그 나머지는 아이들 학자금으로 들어가게 되는 것이다. 결국 부모의 지원 없이 직장생활로 돈을 모은다면, 평생 머리 김나게 모아도 아이들 학자금이나 결혼자금으로 쓰이고 수중에 남는 돈은 그야말로 '티끌'이다.

실제로 어느 연구결과를 보면, 직장인들은 항상 월급에 맞춰 빠듯하게 생활하기 때문에 실직과 같은 비상 상황에 대처할 만한 예비자금이 부족한 것으로 나타났다. 가계의 비상 상황을 위해 몇 개월분의 예비자금을 확보하고 있는지 묻는 질문에 '아예 없다'는 응답이 39.5%로 가장 많았다. 이외 '3개월 내외'[22.85%], '1개월 내외'[21.1%]가 뒤를 이었다. 이러한 결과를 분석해 보면 대다수의 직장인은 비상 상황이 벌어졌을 때 3개월 이후까지 대처할 비상 자금이 부재한 것을 알 수 있고, 해당 직장인이 실제로 감원 대상이 되었을 경우 바로 가계경제의 위기가 닥치리라고 추측할 수 있다. 따라서 직장생활에 대하여 월급으로 안정된 삶을 보장받을 수 있다고 생각한다면 그것은 오산이다. 월급만을 바라보면서 직장을 다니는 것은 미래에 대한 준비 부족이며, 예고된 불안이다.

9

회사를 떠날 때를 알려주는 불길한 징후 12가지

텔레비전 방송에서 홍보 마케팅 전문가로 활동한 케이틀린 프리드먼의 말에 따르면, 직장에서 해고될 때에는 몇 가지 징후들이 먼저 나타난다고 한다. 즉 "상사가 당신의 눈을 잘 마주치려 하지 않을 경우, 중요한 프로젝트에서 당신이 갑자기 제외되었을 경우, 승진 요청이 거절된 경우, 당신에게 목표 달성이나 특종을 터트리라는 압력이 줄어든 경우에는 남들이 다 퇴근한 뒤에 남아 당신의 이력서를 다듬어둘 필요가 있습니다."라고 말한다. 회사나 상사의 분위기가 심상치 않을 때는 이직을 대비하여 이력서를 작성해 놓고, 커리어를 관리할 필요가 있다는 얘기다.

급속히 변화하는 현대사회에서 기업의 구조조정이나 경영 환경 또한 급변하고 있다. 세상은 더 빨리 더 새롭게 진화하고, 기업은 이러한 변화 속에서 살아남기 위해 더 참신하고 기발한 인재를 받아들이려 한다. 전문가들은 글로벌 시대에 성공한 기업은 훌륭한 인재를 채용하고, 그 인재를 육성 개발한 기업이라고 말한다. 그러한 시도를 하는 기업만이 이 시대에서 발전할 수 있다는 것이다. 회사는 더 새로운 능력을 개발하지 못한 채 타성에 젖은 직원에 대해 냉혹하다. 훌륭한 인재를 발굴하지 못하거나 인재의 능력을 개발시키지 못한 기업은 일시적으로는 번영을 누릴지라도 장기적으로는 쇠퇴해가기 때문이다.

요즘의 젊은이들은 월급이 적더라도 안정된 공무원이 되고자 한다. 영리를 목적으로 하는 회사에 다닌다면 자신의 능력을 발휘할 수 있는 동안, 즉 회사가 자신을 필요로 할 때까지는 직장생활을 영위할 수 있지만, 능력이 소진되는 시점부터는 항상 해고의 불안 속에 살아야 하기 때문이다. 일반적으로 회사에서 사람을 해고할 때 나타나는 징후들을 몇 가지 열거해 보면 다음과 같다.

- 상사들이 무능력을 지적한다.
- 상사들이 지나치게 무시한다.
- 격무에 시달리게 한다.
- 임금을 깎으려 한다.
- 성공 가능성이 없는 업무만 맡긴다.
- 상사가 다른 직원에 비해 적대적으로 대한다.
- 근무 환경이 좋지 않은 곳으로 이동시킨다.
- 다른 직원들이 맡지 않으려는 업무만 배정한다.

- 마감 기한 내에 끝낼 수 없는 업무를 지시한다.
- 상사가 지나치게 낮은 인사고과를 준다.
- 고유 업무를 다른 직원에게 모두 가르쳐주라는 지시가 내려온다.
- 적응할 시간도 없이 소속 부서를 계속 바꾼다.

　이상과 같은 경우가 발생한다면, 어떤 이유에서든 '당신은 더 이상 필요하지 않다'는 뜻이라고 봐야 한다. 회사에서는 더 이상 당신과 같이 일할 뜻이 없으며 투자할 가치도 없다고 결정을 내린 것이다. 이러한 징후가 나타나면 회사를 떠날 준비를 해야 한다. 미리 준비를 한다면 자신 있게 먼저 회사를 떠날 수 있지만 갑자기 쫓겨나는 상황이 되면 졸지에 실업자 대열에 합류할 수밖에 없다. 다시 강조하지만, 회사에서 해고당하기보다 자신이 먼저 회사를 해고하는 여유가 필요하다. 박수칠 때 떠나는 용기가 필요한 것이다.

10

최고라고 생각될 때
미련 없이 떠나라

직장에 오래 다닐수록 퇴직하기는 쉽지 않다. 든든한 직장에서 오랫동안 안정된 생활을 해왔기 때문에 회사를 떠나기보다는 계속 안주하고 싶기 때문이다. 더욱이 마약과 같은 월급은 사람을 나약하게 만들기 때문에 규칙적으로 수입을 받을 수 없다는 사실은 심리적으로 큰 압박감을 준다. 안정된 직장에 근무했던 직장인일수록 심리적 불안은 더욱 크다. 정년을 보장받는 공무원들은 이런 경험을 하기 어렵지만, 일반 회사에 다니는 사람들은 누구나 느끼는 부담이다.

알량한 월급을 받기 위해 온갖 눈치를 봐야 하는 직장인들은 회사만 오면 가슴이 답답하다. 뚜렷한 대안은 마련하지 못한 채 기약할 수 없는 정년을 기다릴 뿐이다. 그러다가 감원 통보나 권고사직을 받게 되면 하늘이 무너지는 듯한 절망에 빠진다. 지금까지 충성을 바쳐

온 회사에 대해 원망도 해보고 대항해 보기도 하지만 버스는 이미 떠나버렸다. 늘 인격적으로 생활해 왔던 사람이라 해도 퇴직을 당하고 나면 격려나 지원은커녕 그 누구의 관심도 받을 수 없는 지경이 된다. 결국 박수칠 때 떠나지 못했기 때문에 자존심의 상처까지 받게 되는 것이다.

　자신이 올라갈 수 있는 최상의 자리에서 과감하게 후배들에게 자리를 양보하고 떠난다면 그 어떤 후배라도 당신에게 찬사를 보낼 것이다. 사실 퇴직을 당하든 스스로 떠나든 회사를 떠나기는 마찬가지이지만, 어떤 모습으로 떠나느냐에 따라 그 뒷모습이 처량할 수도 있고 아름답게 기억될 수도 있다. 그렇다면 언제, 어떻게 떠나는 것이 가장 좋을까? 구체적으로 다음의 상황들을 살펴보자.

- 자기가 생각하기에 지금이 최고라고 생각하면 떠나라. 자신이 더 이상 회사에서 성장하거나 진급하기 어렵다는 생각이 들면 회사에서 퇴직당하기 전에 떠나는 것이 좋다.
- 상사 및 동료 후배들과 신뢰관계가 형성되어 있지 않다면 평가에서 좋은 점수를 받기 어려우므로 과감히 떠나는 것이 좋다.
- 자신이 회사에서 필요로 하는 능력을 갖추고 있지 않다면 언제든 밀려날 수 있으므로 떠나는 것이 좋다.
- 회사 내에서 자신의 위치가 중심그룹에 속하는지 소외그룹에 속하는지를 파악하여 중심그룹이 아니면 떠나는 것이 좋다.
- 다른 직업을 고려하고 있다면 머뭇거릴 필요가 없다. 이왕 실천할

일이라면 한 살이라도 젊었을 때 시도하는 것이 자신감과 용기를 가질 수 있다. 나이가 들수록 자신감은 상실되며, 도전할 수 있는 시간은 줄어들기 마련이다.

- 직장에 더 이상 흥미를 느끼지 못한다면 떠나라. 직장생활이 즐겁지 않다면 능력과 상관없이 오래 일하기 힘들다. 일생에서 흥미 있는 일에 도전하는 것이 자신을 위해서도 현명한 일이다.

- 직장을 옮기기로 마음을 굳혔을 때에는 떠날 준비를 하라. 그러나 절대로 아무 계획 없이 사표를 써서는 안 된다. 회사에 다니면서 이직 준비를 충분히 해야 충격이 덜하다. 대부분 직장인들은 아무 대비 없이 퇴직하게 되었을 때 심리적으로 위축되어 새로운 직장을 찾는 일이 더 어려워진다. 진정 원하지 않는 직장이라면 언제든 옮길 수 있음을 잊지 마라.

- 경력을 쌓지 않은 채 이직하는 것은 꿈도 꾸지 마라. 이직이라는 것도 경력자에게만 해당한다. 창업을 하거나 프리랜서로 일할 생각이 아니라면 자기 분야에서 최소한 3년 이상은 기본으로 경력을 쌓아야 유리하다.

- 확실하게 채용되기 전까지는 보안을 유지하라. 이직에 실패할지도 모르니 이직 타이밍은 신속하게 하되 채용되기 전까지는 절대 비밀로 해야 안전하다.

11

자신의 평판을
관리하라

제 아무리 실적이 높고 실력이 출중한 인재라 할지라도 조직의 분위기에 악영향을 미치는 인물이라면 최종 레퍼런스 체크를 통해 걸러진다. 글로벌 기업이나 비슷한 규모의 대기업으로 이직을 생각하는 경우 조직원들과의 원만한 유대관계는 필수다. 일주일에 10분이면 충분하다. 자신이 참여한 프로젝트의 개요와 그 결과에 대해 그때그때 빠짐없이 기록해 놓는 것이 좋다. 풍성하고 착실한 프로필은 기업의 인사 담당자 및 최고 결정권자에게 믿음을 준다. 만약 스카우트 제의를 받았다면, 심각하게 고민하는 모습을 보이거나 사방에 소문을 내는 것은 적절치 않다. 입사 서류에 도장을 찍는 그날까지 보안을 유지하는 것이 좋다. 이직이 결정될 경우 깔끔하고 완벽하게 인수인계하는 것도 중요한 체크포인트 중 하나다.

어느 온라인 취업사이트의 조사결과에 의하면, 인사 담당자 10명 중 4명은 경력직 직원을 채용할 때 채용 당사자에 대한 평판을 조회해 본다고 한다. 그리고 그 결과에 따라 응시자를 탈락시킨 경험이 75.6%나 되는 것으로 드러났다. 이 사실은 평판을 조회하는 인사 담당자들은 그 평판이 '남이 써주는 나의 이력서'로 인식하고 있다는 것, 그리하여 평판 관리도 커리어 관리의 한 부분임을 재인식시켜 주는 대목이다. 평판 조회를 통해 주로 확인하는 부분은 '이직 사유'[69.3%, 복수응답]를 첫 번째로 꼽았다. 다음으로 '성격 및 인성'[65.3%], '근무태도'[62.5%], '대인관계'[54%], '전 직장 성과'[41.5%], '조직 적응력'[30.7%] 등의 순이었다. 평판 조회는 '전 직장동료'[52.8%, 복수응답]를 통해 확인한 경우가 가장 많았다. 이외에도 '전 직장 상사'[47.2%], '전 직장 인사팀'[41.5%], '헤드헌터'[26.7%], '미니홈피, 블로그를 통해'[2.8%] 등의 방법이 있었다.

회사를 떠나야 한다면 업무 인수인계는 철저하게 하라. 새로운 직장에 채용되었더라도 출근 시기를 조절하여 전 직장동료에게 피해가 없도록 해야 한다. 언젠가는 또 만날 수도 있으며, 다른 직장으로 옮길 때 부정적인 이야기를 전달할 수 있기 때문이다.

12

이직에는 반드시
대가가 따른다

직장인들 중에는 이직을 낭만적으로 생각하는 사람들이 많다. 그러나 다른 직장으로 옮기면 더 나은 환경이 기다리고 있을 것 같고, 실적도 좋아질 것이라는 막연한 기대는 위험하다. 어떤 식으로든 이직에는 대가가 따르기 때문이다. 우선 직장을 옮기지 않는다면 영원하지는 않아도 어느 때까지는 안전한 생활과 월급을 보장받을 수 있다. 하지만 편안한 직장생활의 안락함을 잃은 대신 자유와 생각할 수 있는 시간을 얻었다고 생각해 보자. 직장을 다닐 때는 회사의 눈치를 보느라 자기계발을 하기 어려웠지만 이제 자신을 위해 투자할 수 있는 여유가 생긴 것이다. 즉 직장을 잃은 게 아니라 더 큰 일을 할 수 있다는 기회를 얻었다고 생각하자.

직장인의 이직 경험 및 이직을 결심한 원인에 대해 남녀 직장인을 대상으로 조사한 결과, 전체 응답자 중 1회 이상 이직 경험자의 비율은 75.7%였다. 특히 경력연차별 이직 경험자를 조사한 결과, 경력 1년 미만의 직장인에서는 41.9%, 즉 5명 중 2명 이상이 1회 이상 이직을 경험한 것으로 조사됐다. 또 경력 2년차 직장인에서는 61.7%로 과반수를 넘었으며, 경력 3년차부터는 이직 경험자 비율이 현격히 증가해 경력 80.0%, 경력 4년차는 88.9% 순으로 이직 경험의 비율이 높았다.

직장인들이 직장을 떠나는 이유는 무엇일까? 이직 경험을 지닌 직장인들을 대상으로 '이직을 결심한 원인'에 대해 조사한 결과, '희망수준에 맞지 않는 연봉' 때문이라고 대답한 경우가 51.8%로 가장 높았다. 다음으로 담당 업무에 대한 낮은 만족도, 잦은 야근으로 인한 근무시간 과다, 상사·동료와의 불화, 과도한 직무 스트레스, 새로운 경력을 쌓기 위해, 기업의 안정성 저하 순으로 나타났다.

설문 결과를 살펴보면, 연봉과 업무에 대한 만족도가 높은 일을 찾기 위해 이직을 한 경우가 가장 많았다. 문제는 현재보다 더 나은 직장, 이상적인 직장이 보장되어 있지 않다는 점이다. 주위의 친구나 동료가 이직에 성공했다고 해서 '나도 할 수 있다'는 믿음만으로 덜컥 그만두는 것은 현명하지 않다. 어느 회사에서 당신의 자리를 보장해 주겠다는 제의를 받았다고 하더라도 신중히 따져볼 필요가 있다. 이직을 하기로 결심했다면 다음과 같은 사항을 고민해 보아야 한다.

• 이직을 하기 위해서는 지금의 회사보다 객관적으로 나은 점이 있어야 한다. 연봉이나 근무조건이 좋다거나 복지 혜택, 발전 가능

성, 적성 등을 꼭 확인해야 한다.

- 퇴사하기 전에 옮길 직장을 확정해 두어야 한다. 단순한 기대심, 다시 말해 '다른 회사에서 불러주겠지' 하는 막연한 기대만으로 사표를 던져서는 안 된다.

- 스카우트를 받은 회사가 있더라도 확실한 조건과 보장을 체크해야 한다. 당신을 스카우트하려는 데에는 분명히 당신에게 어떤 업무 성과를 기대하고 있기 때문이다. 즉 회사에서 당신을 채용하는 것이 별 이익이 없다고 판단된다면 그 결정을 철회할 수도 있다. 와달라는 말만 믿고 퇴직했는데 아무도 당신을 책임지지 않아서 실직자가 될 수도 있음을 주의해야 한다. 말로는 스카우트를 제안해 놓고 실제로는 외면하는 경우도 적지 않다.

한편 이직을 통해서만 자신의 가치를 높이려는 생각은 위험할 수도 있다. 자신의 새로운 역량을 개발하는 데 한계가 있기도 하고, 옮겨 간 직장이 꼭 더 나은 직장이라는 보장도 없다. '구관이 명관'이라고, 막상 옮기고 봤더니 전 직장이 오히려 더 좋은 직장임을 깨닫게 되기도 한다. 설상가상으로, 결국 얼마 못 가 다시 새 직장을 찾아 나서야 할지도 모른다.

이런 경우 '평생직업'을 염두에 두어야 한다. 1인 기업으로 창업을 하거나 프리랜서로 활동하는 방안도 한 방법이 될 수 있다. 정식으로 창업을 하려면 어느 정도 경제적 기반이 마련되어야 하고, 창업했다고 해도 반드시 성공한다는 보장은 없다. 따라서 목돈을 투자하지 않고 시작할 수 있는 나만의 직업을 개척해야 한다. 그런 관점에서 1인 기업으로 창업을 하거나 프리랜서로 활동하는 방식을 고려할 필요가 있다. 최소한의 투자로 정년 없이 집중할 수 있는 일을 찾는 것이다.

제2장

아름다운
박수 받는
'떠남'의 순간?

●

'떠날 때'와 '떠나야만 할 때'의 차이는 무엇일까? '떠날 때'란 자기 의지로 직장을 그만두는 것이지만, '떠나야만 할 때'는 회사에서 더 이상 필요로 하지 않거나 발전 가능성이 없는 존재가 되었을 때 떠밀리듯 직장을 그만두는 것이다. 스스로 직장을 그만둘 때는 자신감과 의욕이 넘치는 상태지만, 떠나야만 할 때는 어디로 옮겨야 할지 의기소침한 상태가 된다. 따라서 인생에서 떠날 때인가, 떠나야만 할 때인가를 결정하는 것은 매우 중요하다.

　스스로 알아서 떠날 때를 결정한다면 주변 사람들의 존경과 찬사를 받을 수 있지만, 어쩔 수 없이 떠나야 하는 경우에는 그 누구의 주목도 받지 못한 채 쓸쓸히 퇴장해야 한다. 여기에서는 쓸쓸한 퇴장보다는 찬사 속에서 떠날 수 있는 방법을 제안하고자 한다.

'입사'가 있다면
'퇴사'도 있다

로버트 기요사키의 『부자아빠 가난한 아빠』를 보면 "부자들에게 배울 수 있는 여섯 가지 교훈 중에서, 부자들은 남을 위해 일하지 않고 자신을 위해 사업을 한다."라는 내용이 있다. 로버트 기요사키는 근로자는 해고되지 않을 만큼 일하고, 고용주는 근로자가 그만두지 않을 만큼 보수를 지급한다는 사실을 깨달았다. 직장을 필요로 하는 사람이 많을수록 고용주는 근로자에게 충분한 임금을 지불하지 않아도 되기 때문이다. 더욱이 보수를 충분히 주었을 때 근로자가 경제적으로 독립하게 된다면 고용주로서는 가장 나쁜 경우가 될 수 있다. 근로자가 내일 다시 회사에 출근할 수밖에 없게끔, 회사가 주는 월급을 생명줄로 생각하고 충성할 수 있게끔, 고용주는 그만큼만 노동의 대가를 지불한다. 이러한 까닭에 직장인은 죽을 때까지 한 회사에 몸을 바쳐도 부자가 될 수 없는 것이다.

물론 '직장'이라는 가치 자체를 부정하는 것은 아니다. 분명 직장이라는 터전은 개인의 능력을 보완하고 성장시켜 주는 보호막이기도 하다. 또한 개인으로서는 꿈도 꿔볼 수 없는 큰 프로젝트를 기업의 자본으로 시도할 수 있다는 것은 직장인에게 충분히 매력적인 일이다. 특히 대기업에서 근무한다면 협력회사나 하청회사의 적극적인 협조를 받을 수 있다. 또한 회사에 따라 다르겠지만 해외지사로 발령되어 더 넓은 세계로 나아가 근무해 볼 수 있는 기회를 얻을 수도 있다.

인생에는 공짜가 없듯이 달콤한 순간이 지나면 씁쓸한 순간도 찾아온다. 회사라는 조직을 통해 자신을 발전시킬 수는 있겠지만, 회사는 결코 근로자를 부자로 만들어주지 않는다. 근로자의 요구가 커지는 만큼 기업의 유지비용은 높아지기 때문이다. 기업은 지출을 줄이고 더 많은 이윤을 창출하기 위해 다양한 노력을 하는데, 근로자의 임금을 낮추는 것도 그중의 한 방법이다. 더욱이 기업은 지불한 대가보다 낮은 능력을 지닌 직원을 사랑으로 감싸주지 않는다.

요즘처럼 취직하기 어려운 시대에 일단 회사에 취직만 하면 평생을 보장받을 수 있을 것처럼 여기는 사람이 많다. 그러나 입사가 있다면 언젠가는 퇴사도 있다. 회사에 입사한다는 것은 회사와 개인이 계약을 맺는 것으로, 그 조건은 개인이 일을 하는 대가로 회사는 합당한 보수를 지급하는 것일 뿐이다. 그 어떤 회사도 내가 원하는 모든 것을 보장하지 않을뿐더러 서로 만족할 수 없는 상황이 되면 계약은 해지되고 각자 다른 길을 찾아야 한다.

회사를 입사할 때부터 언제쯤 퇴사를 해야겠다는 자기만의 계획을 가지고 있다면 별 문제가 없다. 퇴사하기 전에 충분한 자기계발을 하거나, 새로운 직장을 구하거나, 노후대책을 세우거나 하는 모든 일은 인생 전반의 설계이기 때문이다. 하지만 퇴사 이후의 삶에 대해 아무 계획도 세우지 않은 직장인들은 퇴사가 충격으로 다가오게 되고 설혹 퇴사를 당하지 않더라도 무기력한 직장생활을 영위할 수밖에 없다. 능력을 키우지 않아 언제 해고될지 전전긍긍하고, 자존심도 다 포기한 채 상사가 눈치를 주어도 잘 참아내고, 불이익을 당해도 눈감아버리는 노예근성이 생기게 된다. 이렇게 된 이유는 스스로 회사에 너무 길들여졌기 때문일 것이다. 이들은 회사를 떠나면 어떻게 살아야 할지 막막하고 두려운 마음으로 가득 차 있다.

무기력하고 비굴하게 회사를 다니지 않으려면 스스로 언제든 회사를 떠날 준비를 해야 한다. 얼마나 다닐 것인지, 실력을 키운 뒤 어떤 회사로 옮길 것인지, 퇴직하고는 무엇을 할 것인지를 결정해야 한다. 이렇게 계획을 세웠을 때 우리는 떳떳하고 멋있는 모습으로 회사를 퇴직할 수 있게 된다. 다른 사람들이 용기 있게 떠나는 당신을 부러워하면서 박수를 쳐줄 때가 가장 빛나는 것이다.

2

직장을 자주 옮기는
진짜 이유

30대 초반의 H씨. 많은 나이가 아님에도 세 번씩이나 직장을 옮겼다. 소프트웨어 개발자로 첫 직장생활을 시작했던 H씨는 프로그램 전공자도 아니었으며 프로젝트를 수행할 능력도 없었다. 회사의 근무 여건상 누구에게 배울 수도 없었고, 자신을 가르쳐줄 만한 동료도 없었다. 자신의 능력을 잘 알고 있었던 H씨는 더 이상 발전 가능성이 없음을 느끼고 빨리 다른 길을 찾았다. 두 번째로 옮긴 직장은 어느 소프트웨어 개발회사로, H씨는 그곳에서 품질보증 조직의 테스터로 근무했다. 가장 말단의 업무만 담당한 데다 연봉이 너무 적었기 때문에 불만이 있었지만, 젊고 활기찬 조직이었기에 좀 더 오랫동안 직장 경험을 하기로 마음먹었다. 하지만 그런 결심은 오래가지 못했다. 본의 아니게 경영관리팀으로 부서를 옮기게 되면서, 자신을 대하는 주위의 곱지 않은 시선을 견디지 못해 퇴사하고 말았다. 그는 시간을 갖기로 하고 6개월 정도 백수로 지내다가 세 번째 직장에 이력서를 제출했다. 이 회사가 아니면 안 된다는 절박한 마음이 없었기 때문에 회사에 이런저런 핑계를 대면서 자존심을 세웠고 그 덕에 만족스러운 연봉으로 계약하게 되었다.

H씨의 경우와 같이 사람들이 직장을 자주 옮기는 이유는 무엇일까? 이직을 하려면 우선 왜 직장을 옮기려 하는지 깨달아야 한다. 결과적으로 따지고 보면 직장인들의 생활은 거기서 거기다. 어느 직장을 다니든 근무조건 자체는 비슷하다. 업무가 많아 자주 야근을 한다든지, 연봉이 너무 적다든지, 직장 내 상사 또는 동료들과 인간관계가 원만하지 않다든지 등등일 것이다.

야근이 많아 문제가 되는 경우에 대해 생각해 보자. 직장생활을 하는 한 야근으로부터 완전히 벗어날 수는 없다. 시간관리를 아주 잘하거나 계획적으로 야근을 안 할 수 있는 방법을 세운다면 모르겠지만, 그럴 수 있는 환경이 아니라면 차라리 야근을 즐기는 것도 정신건강에 좋다. 피할 수 없다면 마주쳐서 즐기는 것도 방법이다.

연봉이 적은 것 역시 회사를 떠나게 하는 요인이기는 하다. 하지만 봉급이 직장생활의 중요한 부분이라 해도 전부는 아니다. 돈 주고도 경험할 수 없는 배움이 많은 것이다. 프로젝트를 통하여 업무를 배울 수 있고, 인간관계를 터득할 수 있다. 우리는 과연 얼마의 보수를 받으면 만족할까? 돈은 동기요인이 아니라 위생요인이다. 자신의 전문성이나 경력, 능력, 가능성을 고려하여 적정선에서 결정을 내려야 한다.

인간관계 때문에 회사를 떠나고자 한다면, 우선 자신을 돌아볼 필요가 있다. 자신의 성격에 어떤 결함이 있는 것은 아닌지, 어떻게 하면 원만한 대인관계를 가질 수 있을지 곰곰이 성찰하는 노력이 필요하다.

한 조사자료에 따르면, 10명 중 7명 정도의 직장인은 '회사 밖에서는 힘이 나지만 출근만 하면 무기력해지고 우울해지는 회사 우울증을 겪고 있다'고 답했다. 회사 우울증을 겪는 원인으로는 '자신의 미래에 대한 불확실성'39.1%, '회사에 대한 불확실한 비전'31.3%, '과도한 업무량'29.5%, '상사와의 불편한 관계'26.1%, '회사생활로 인해 나빠진 건강상태'20.3%의 순으로 조사됐다. 이 회사 우울증을 극복하는 방법으로 '다른 회사로 이직하는 것'이라고 대답한 직장인이 2명 중 1명꼴이었다. 그다음으로 '능력강화를 위한 자기계발', '가족에게 상의하며 대화로 푼다', '직장동료와의 대화'의 순으로 대답했다.

직장을 다녀본 사람치고 회사생활을 포기하고 싶은 적이 없었던 사람은 한 명도 없을 것이다. 생계 문제나 개인적인 사정 때문에 퇴직을 생각하지 못하는 경우도 있겠지만, 일반적으로 회사를 다니는 동안 퇴사를 고민한 사람이 70%가 넘는다. 이 중에서 절반 이상은 실제로 회사를 그만두게 된다. 따라서 직장이 마음에 들지 않는다면 고민만 하기보다 바로 결심을 하고 행동으로 옮기는 것이 정신적으로나 시간적으로 낭비하지 않는 것이다. 그러나 무작정 떠날 것이 아니라 퇴직을 하고 무엇을 할 것인가를 결정하고 그에 대한 준비를 해야 한다.

3

'폭포증후군'으로부터 벗어나라

『네 안에 잠든 거인을 깨워라』의 저자 앤서니 라빈스는 결단을 내리지 못하고 타성에 젖은 채 시간을 흘려보내는 사람들의 상태를 '폭포증후군'이라 하였다. 인생을 강물에 비유해, 구체적으로 어떻게 살아야겠다는 결정을 하지 않고 흘러가는 대로 자기를 맡기는 사람은 얼마 가지 않아 이런저런 사건, 두려움, 도전 등에 맞닥뜨려 결국은 낭떠러지로 추락하는 폭포처럼 되고 만다는 것이다.

폭포증후군에 빠지면 안전한 삶과 불안한 삶을 선택해야 하는 분기점에서도 어느 방향을 선택할지 결정하지 못한다. 그저 다른 사람들과 마찬가지로 불안한 삶이라는 물줄기를 따라 흘러갈 뿐이다. 자신의 가치관보다는 사회의 고정관념에 기대어 위안을 삼다가 얼마 되지 않아 자신이 잘못되어가고 있음을 깨닫게 된다. 그 순간은 바로 폭포를 향해 갑자기 물살이 빨라지고 요동을 치는 때이다. 거스를 수 없을 정도로 물살이 너무 빨라 어느새 낭떠러지 가까이 온 것이다. 결국 폭포증후군이란 아무 생각 없이 살다가 추락하는 폭포와도 같이 낭떠러지로 떨어지고마는 사람의 인생을 비유한 표현인 것이다.

이 지경에 빠지지 않기 위해서는 처음부터 사회적 고정관념에 빠지지 않고 자기만의 가치관으로 미래를 준비해야 한다. 조금이라도 상류에 있을 때, 즉 젊었을 때 더 나은 결단을 내린다면 최소한 절벽에서 떨어지지는 않을 것이다. 우리의 인생에서 직장생활의 시작은 바로 폭포증후군의 시작이나 마찬가지다. 직장생활에 정착할수록 자신이 폭포로 향하고 있음을 잊어선 안 된다.

아무리 원했던 직장이라 해도 적응하지 못하면 스스로 그만둘 수밖에 없다. 아니면 회사의 사정이 나빠져서 그만둘 수밖에 없기도 하고, 나이가 많거나 능력이 없다는 이유로 그만두어야 하기도 한다. 여기가 바로 떨어지는 폭포의 순간이다.

우리의 인생에서 직장생활에 대한 결단은 빠르면 빠를수록 좋다. 직장을 더 다닐 것인지, 어떤 평생직업을 찾을 것인지의 결단이 늦을수록 도도히 흐르는 강물에서 벗어나기가 어렵다. 자신이 살고자 하는 목표점을 향해 제대로 가고 있는지를 확인하고, 잘못되었다고 판단되면 과감히 방향을 틀어야 한다. 그랬을 때 우리는 절망의 상황을 맞닥뜨리지 않을 수 있다.

나의 직업에 대한 운명을 결정짓는 것은 타고난 팔자도 아니고 주위의 환경도 아니다. 다만 자신이 인생에서 선택할 기회가 있을 때 얼마나 신중히 결정하였는가가 중요하다. 결국 인생의 행복은 자신이 잘 선택한 것에 대한 혜택인 것이다. 인생의 갈림길에서 순간들의 선택이 모여 오늘의 내가 만들어진 것이다.

폭포증후군에서 벗어나기 위해서는 미래에 대한 준비를 해야 한다. 애초에 폭포로 향하는 물길이 아닌 다른 물길로 방향을 선회해야 한다. 대부분의 사람들이 성공하는 방법을 알고 있으면서 성공하지 못하는 이유는 그 방법을 선택하지 않기 때문이다. 과연 우리는 남은 인생을 위해 무엇을 선택할 것인가? 지금까지 선택의 기회를 미루다 실패를 보았다면 이제 더 이상 결단을 미루어서는 안 된다. 삶에서 자신을 기다려주는 것은 아무 것도 없기 때문이다. 결단을 미루면 성공은 그만큼 멀어져간다.

유니소스 에너지사의 회장이었던 제임스 피너텔리는 "우리 인생에서 나쁜 결정은 딱 두 가지이다. 하나는 결정의 시기를 놓치는 것이고, 다른 하나는 전에 내린 결정이 잘못됐음을 알면서도 바꾸지 않는 것이다."라고 하였다.

성공은 결단하는 습관에 의해 행동으로 만들어진다. 결단만 내릴 수 있다면 10년 뒤 우리는 우리가 꿈꾸는 미래를 살 수 있다. 지금의 상황에서 직장의 변화가 필요하다고 느꼈다면 지금 당장 결단을 내리고 행동해야 한다.

4

성공은
실천하는 사람의 것

심리학자로서 다중지능이론으로 유명한 하워드 가드너는 10-10-10의 법칙을 주장하였다. 그는 각 분야의 예술가 중에서 가장 창조적인 인물, 즉 쇼팽, 베토벤, 피카소, 아인슈타인 등을 연구한 결과 "창의성은 10년의 숙성기간을 거치고 나서 10년간 발휘되고, 그다음 10년간 다른 분야로 확산된다."고 하였다. 어느 분야의 전문지식에 정통하려면 최소한 10년 정도는 꾸준히 노력해야 한다. 자기 분야에서 통용되는 지식에 통달하기 위해 10년 정도의 꾸준한 노력이 선행되지 않으면 의미 있는 도약을 이룰 수 없다는 것이다.

스톡홀름대학교의 앤더스 에릭슨 박사도 '10년 법칙'이란 이론을 주장했다. 어떤 분야에서 최고수준의 성과와 성취에 도달하려면 최소 10년 정도는 집중적인 사전 준비를 해야 한다는 것이다. 그러나 단순히 10년이라는 기간 동안 일을 했다고 해서 그 분야의 전문가가 되는 것이 아니다. 인내와 끈기를 가지고 지속적으로 그 분야에 필요한 '정교한' 연습을 해야 한다. 정교한 연습이란 직업인으로서 자신이 성취하려는 목표를 세우고, 그것을 이루기 위해 지속적으로 학습하고 노력하는 것을 말한다. 즉 10년 법칙에서 10년이라는 물리적인 시간은 중요한 게 아니다. 얼마나 지속적으로 그 일에 몰두하는지, 얼마나 자신을 바쳐 노력하는지의 문제이다.

10년 전의 나의 모습을 한번 떠올려보자. 과연 10년 전 나는 어떤 변화를 꿈꾸고 어떤 미래를 설계했던가? 누구도 미래의 자신이 현재의 자신과 똑같은 처지이기를 꿈꾸는 사람은 없을 것이다. 10년 전 우리는 분명 더 큰 성공을 간절히 바랐을 것이다. 하지만 꿈꾸는 것만으로 미래가 다 이루어지는가? 10년의 시간이 흐르는 동안 누군가는 성공하고 누군가는 실패한다. 왜 똑같이 꿈을 꾸었건만 누구는 성공을, 누구는 실패를 하게 되었을까?

10년 전과 비교해서 나아지거나 부족해졌는지, 과연 나는 꿈이 있었는지, 꿈이 있었다면 실현시키기 위해 어떤 행동을 했는지 생각해보자. 당신에게 꿈이 없었다면 예전보다 나아지기는커녕 오히려 더 어려운 삶을 살고 있을 가능성이 높다. 또 꿈은 있었으나 실천하지 않았다면 그때나 지금이나 변함이 없을 것이다. 10년 전에 세웠던 목표를 달성했다면 당신은 그 꿈을 실현시키기 위해 결단을 내리고 부단히 노력해 왔을 것이다.

이제 다시 10년 후에 다가올 당신의 행복한 미래를 그려보자. 그 목표를 세웠다면 어떤 실천을 할 것인지 결정을 해야 한다. 생각은 누구나 할 수 있지만 실천은 아무나 할 수 없다. 그래서 성공은 실천하는 사람의 것이다.

5

샐러던트만이
살아남을 수 있다

요즘 대한민국의 직장인은 괴롭다. 숨 가쁘게 돌아가는 업무 때문만
은 아니다. 세계화의 흐름 속에 끊임없는 변화와 혁신이 요구되기 때
문에 직장인으로서는 무한경쟁을 체감하며 살고 있다. 대부분의 기
업들이 성과주의를 도입하면서 평생직장의 개념이 없어진 지 이미 오
래되었다. 그에 따라 경제활동을 지속해야 하는 직장인들은 자신의
업무 능력을 높여야 한다는 강박관념에 시달리고 있다. 성공한 주변
조직원들의 전략을 벤치마킹하여 자기를 계발하고, 맡은 프로젝트를
성공적으로 이끌어 업무 성과를 객관적으로 증명해 보여야 한다. 또
한 상사, 동료, 후배 등과 돈독한 대인관계를 쌓아 영향력 있는 인적
네트워크를 강화해야 한다.

최근 한 조사결과에 따르면, 상당수 직장인들이 글로벌 인재가 되기

위해 하루 1~2시간 정도 업무 전문교육 및 외국어 공부에 매진하고 있는 것으로 나타났다. 모 온라인 취업 사이트에서 직장인을 대상으로 '평소 글로벌 인재가 되기 위해 노력하고 있습니까?'라는 설문조사를 실시한 결과, 응답자의 65.2%가 '노력한다'고 답변했다. 이들이 하는 노력은 '업무 전문성 강화'[61%, 복수응답]가 첫 손가락에 꼽혔다. 그 뒤로는 '외국어 학원 수강'[38.2%], '독서'[36%], '외국 방송[CNN] 애청'[31.1%], '봉사활동'[18.4%] 등의 답변이 이어졌다. 글로벌 인재가 되기 위해 하루 평균 투자하는 시간은 42.9%가 2시간이라고 답했다. 그다음으로 '1시간 이하'[26.8%], '3시간'[12.7%], '4시간'[6.3%], '8시간 이상'[4.8%], '6시간'[3.5%] 등의 순이었다.

설문결과를 보면 우리나라 직장인들이 글로벌 인재가 되기 위해서 얼마나 자기계발에 투자하는지 알 수 있다. 실제로 요즘 많은 직장인들이 자격증이나 어학에 매진하는 이유는 승진 혹은 성공적 이직을 위해서라는 게 중론이다. 물론 더러는 '스스로의 만족을 위해'라고 답하는 경우도 있지만 생존을 위해 공부하는 경우가 대부분이다. 업무성취를 통한 자기만족과 경제생활을 위해서는 직장생활을 지속해야 하고, 그 속에서 승진이나 성공적 이직을 위해서는 스스로를 전문가로 육성해야 한다. 특히 기업들이 인재경영을 외치며 우수인력에 대한 효율적인 관리와 보상을 통해 기업의 경쟁력을 높이는 데 지대한 관심을 쏟는 것도 이러한 현상을 가속화시키고 있다. 더욱이 실질적 정년이 점점 빨라지고 구조조정이 상시화되고 있는 요즘 상황을 고려하면, 직장인의 학습 열풍은 어쩔 수 없는 시대적 요구인 듯하다. 이러한 상황은 공부는 학교에서 다 끝낸 것으로 여겼던 직장인들에게 꽤 부담스러운 것이다. 어쩌면 직장에서 살아남기 위해서 학교 다닐 때보다 더 열심히 공부를 해야 하는 사람도 많을 것이다.

지금까지 대부분의 직장인들이 가장 많은 시간을 보내는 곳은 회사와 가정이었다. 하지만 요즘 주변에서 '노력하는 직장인'이라 평가받고 있거나 빠르게 진급한 직장인들에게는 오직 직장만이 전부다. 회사에서 성과가 미진할 때는 상사의 '인간적 꾸지람' 대신 냉정한 '성과평가'를 받아야 한다. 그래서 직장인들은 고달프다. 새벽에 일어나 외국어 능력을 업그레이드시키고 퇴근 후에는 업무에 필요한 경영을 학습한다. 가정에서 지내는 주말은 거의 취침을 위한 시간이다.

공부하는 직장인을 뜻하는 신조어로 '샐러던트^{Saladent}'라는 용어가 있다. '봉급생활자'를 뜻하는 '샐러리맨^{Salaryman}'과 '학생'을 뜻하는 '스튜던트^{Student}'가 합쳐진 말이다. 샐러던트는 직장에 다니면서 새로운 분야를 공부하거나, 현재 자신이 종사하고 있는 분야에 대한 전문성을 높이기 위해 끊임없이 공부한다.

요즘 직장인들이 직장생활과 공부를 병행하는 이유는 '승진이나 자기계발을 위해서'라는 대답이 39%로 가장 많았다. 다음으로는 '연봉을 올리기 위해서'^{21%}, '더 좋은 기업으로 이직하기 위해서'^{17%}로 나타났다. 그 밖에 '내 사업을 하기 위해서'^{11%}, '적성에 맞는 직종으로 전향하기 위해서'^{8%}, '인맥을 넓히기 위해서'^{3%}의 순으로 조사되었다.

신입사원보다 경력직 사원을 우대하는 풍조도 샐러던트의 출현을 요구하고 있다. 더욱이 현대인의 수명이 길어져 급속히 고령화사회로 진입하게 됨에 따라, 이제 평생직장의 개념보다는 평생직업의 시대로 돌입했다고 해도 과언이 아니다.

평생직업의 시대에 사는 현대인들은 한 직장에 취직함과 동시에 새로운 직업을 갖기 위해 공부를 시작해야 한다. 실제로 최근 직장인들을 대상으로 실시한 설문조사에서 '첫 직장에서 근무하기를 원하는 기간'이 2년 3개월에 불과한 것으로 조사되었다. 또한 채용 전문업체인 '잡코리아'가 최근 직장인 763명을 대상으로 실시한 설문조사에 따르면, 응답자의 35.8%가 각종 자격증이나 공무원 시험공부에 매달리고 있다. 끊임없이 공부해야 살아남는 현대 직장인의 신세를 증명하는 결과이다.

샐러던트는 공식적인 학교를 졸업하고 회사에 들어와서도 지속적인 자기계발을 해야 한다는 점에서 '평생교육'과 비슷하다고 할 수도 있다. 차이가 있다면 평생교육은 자기의 삶을 윤택하게 하는 자기주도적인 학습의 성격이 짙은 데 비해 샐러던트는 직장인들의 고용불안에 따른 생존전략 차원의 자기계발 성격이 짙다는 점이다. 그러나 샐러던트라는 용어에 담긴 긍정적인 부분, 즉 직장인의 자기계발이라는 의미에는 '평생직장'의 개념이 사라진 한국 사회의 새로운 풍속도가 반영되어 있다고 볼 수 있다.

외환위기를 겪으면서 한국의 직장인들이 겪는 고용불안은 더욱 심화되고 있다. 외환위기 때 우리 사회에는 '오륙도56세까지 직장생활하면 도둑', '사오정45세 정년'이라는 충격적인 유행어가 퍼졌는데, 요즘에는 더욱 심해져서 30대에 명예퇴직을 강요당하는 것을 풍자하는 이른바 '38선'이란 말이 나돌 정도가 되었다. 평생직장의 개념이 급속히 사라지면서 많은 샐러리맨들이 극심한 고용불안에 시달리고 있음을 알 수 있다.

샐러던트라는 용어는 치열한 경쟁사회에서 도태되지 않으려고 애써야 하는 직장인의 처지를 반영한 말이다. 샐러던트로서 직장에서 살아남기 위해서는 기존의 업무에 대한 전문성 확보는 물론 어학이나 자격증 취득, 다른 분야의 전문지식까지 요구되고 있다. 한마디로 커리어 개발을 하지 않으면 살벌한 경쟁사회 속에서 살아갈 수 없다는 것이다. 이러한 현상은 일시적인 것이 아니라 앞으로 더욱 치열해질 것이다. 결국 우리 앞에는 평생직장보다는 평생직업을 찾기 위해서 평생공부를 해야만 하는 사회가 기다리고 있다.

6

미래가 보장된
직업은 없다

회사에서 승진할수록 당신의 인생은 회사의 인생이 된다. 그러한 당신의 노력을 회사는 얼마나 보상해 줄 수 있을까?

회사는 목적지를 향해서 지칠 줄 모르고 달려가는 기차와 같아서 당신은 단지 한 구간에 승차한 승객과 같은 것이다. 회사를 거쳐간 수많은 직원들이 그랬듯이 자신도 그중에 한 명인 것이다. 커다란 업적을 남긴다면 그 사실을 기억해 줄 다른 직원들은 있을 것이다. 그러나 그뿐이다. 중요한 것은 회사를 위해 우리의 젊음과 청춘, 그리고 열정을 바친다는 사실이다.

대한민국의 직장인들은 매순간 행복한 미래를 꿈꾸며 자신만의 '성공시대'를 써내려가고 있다. 그러나 성취한 것이 아무 것도 없다면 어느 회사에서 근무했다는 경력만이 이력서에 남을 뿐이다. 어느 누구도 이력서에 한 줄을 올리기 위해서 회사생활을 시작하지는 않을 것이다. 그렇다면 과연 나의 직장생활은 어떠한가 점검해 볼 필요가 있다. 자신이 너무 업무에 매어 있지는 않은가? 자신을 회사의 핵심인재라고 믿고 있지는 않은가? 그러한 믿음은 사실일까, 착각일까?

한 가지 명심해야 할 것은 회사는 모든 직원에게 돈과 시간을 투자하지 않는다는 사실이다. 아무리 몸과 마음을 바쳐 회사에 충성을 해도 회사는 우리의 경력이나 미래에 대하여 어떤 식으로든 책임을 지지 않으며 책임질 수도 없다. 고작해야 회사를 위해서 열심히 일한 사람이라는 평가를 받을 뿐이다. 그것도 당신을 기억하는 사람들이 회사에 존재할 때까지만 가능하다.

우리의 인생은 이제 평균수명 100세의 시대를 넘보고 있다. 정년이 아무리 길어도 60세를 넘기지 못하는 현실에서 직장에 의존하는 것은 어리석은 일이다. 직장에 다니더라도 자기계발을 부단히 하여 어떠한 상황에서도 생존할 수 있는 자생능력을 갖춘다면, 자기 스스로 직장을 해고할 수 있는 기회를 가질 수 있다. 미래를 위해 아무 것도 준비하지 않으면 결국 남은 인생은 우울해질 수밖에 없다.

7

멀티플레이어가
전문인력을 이긴다

'멀티플레이어multiplayer'란 multi 여러 가지 + player 선수, 경기자, 연주자 의 조합어로,
IT 환경이 발전함에 따라 생겨난 신조어이다. 원래는 인터넷 게임을
할 때 동시에 접속한 다른 사람들과 함께 게임을 진행하는 게임방식
을 말한다.

지난 한·일 월드컵 준비기간 동안 거스 히딩크 감독은 '멀티플레이
어'라는 개념을 한국 대표팀에 이식시켜 월드컵의 4강 신화를 달성하
였다. 그의 성공신화는 그동안 한 우물만 파야 한다고 믿어왔던 우리
의 전통적인 고정관념에 큰 충격을 주었다.

거스 히딩크 감독이 주장하는 멀티플레이어란 한 선수가 한 가지
역할만을 수행하는 것이 아니라 여러 포지션의 역할을 소화하는 것
이다. 즉 수비수가 때로는 공격수가 되어 감독의 전술에 다양한 옵션

을 제공하는 선수를 일컫는 표현이다. 이후 멀티플레이어라는 용어는 스포츠 분야뿐만 아니라 점차 다른 분야에서도 광범위하게 사용되기 시작하였다.

한편에서는 멀티플레이어와 비슷한 용어로 '멀티태스킹multitasking'이란 표현을 쓰는데, 역시 IT 용어에서 출발하였다. 멀티태스킹의 '태스크'란 운영체계가 제어하는 프로그램의 기본단위를 말하는 것으로서, 여러 개의 업무를 동시에 실행하고 컴퓨터의 자원을 교대로 사용할 수 있게 하는 것을 말한다. 멀티플레이어가 다양한 지위와 역할을 수행하는 사람을 말하는 것이라면, 멀티태스킹은 한 사람이 여러 가지 업무를 한꺼번에 처리하는 능력 또는 행위를 말한다. 결국 멀티태스킹은 멀티플레이어가 할 수 있는 능력을 말한다.

좁은 의미로의 멀티플레이어는 한 사람이 두 가지 이상의 지위와 역할을 수행하며, 자신만의 전문적인 분야에서 해박한 지식을 가지고 있으면서 다른 분야에서도 두루 능통한 사람을 의미한다. 넓은 의미의 멀티플레이어는 자신의 업무 분야에 대한 관련지식을 폭넓게 아는 사람을 의미한다.

최근 학생들 사이에서는 여러 면에서 소질을 지닌 친구가 인기가 높다고 한다. 예전에는 공부를 잘하는 학생들은 공부 외에 운동, 오락 등의 활동에는 관심도 없고 소질도 없었다. 그러다 보니 운동, 노래, 춤 등의 방면은 공부를 못하는 학생들의 전유물처럼 생각했다. 이제 시대가 바뀌어서 젊은 세대들은 공부를 잘하면서 운동도 잘하고 놀이도 즐길 줄 아는 사람을 좋아한다. 또 성적은 좋지 않아도 개그에 소질이 있거나 예술적 감각이 뛰어나 친구들에게 인정받는 학생도 많다. 옛 어른들이 말씀하시던 '한 우물형 인간'의 시대를 벗어나 '멀티플레이어형 인간'이 주목받는 세상이 된 것이다.

젊은 세대들이 멀티플레이어형 인간을 지향하는 이유는 기성세대에 비해서 변화와 속도에 빠르게 적응하며 두려워하지 않기 때문이다. 기성세대의 특징 중 하나는, 변화에 대응하는 속도가 느리고 새로운 변화에 대해 일단 부정적인 입장을 지닌다는 것이다. 멀티플레이어형 인간인 젊은 세대는 기성세대에 비해서 변화를 추구하고 끊임없이 발전하는 사회의 속도에 발을 맞추어 나가려는 에너지가 있다.

앞으로 회사가 필요로 하는 인재는 바로 멀티플레이어형 유형이 될 것이다. 전문적인 직무기술을 지니고 있다는 말에는 한편으로 업무 지식의 범위가 좁다는 의미도 내포되어 있다. 예를 들어 회사에서 구조조정을 해야 할 때 A+라는 업무를 전문적으로 해내는 A라는 사람과, A+B+라는 업무를 동시에 할 수 있는 B라는 사람이 있다면 과연 누구를 선택할까? 회사로서는 인건비를 줄이기 위해 당연히 A+ 업무와 B+업무를 동시에 처리할 수 있는 사람을 남겨두려고 할 것이다. 자신의 기술을 대체할 수 있는 예비인력은 널려 있지만, 그 외에 다른 일들까지도 복합적으로 처리할 수 있는 멀티형 인재는 소수에 지나지 않는다. 이런 유형의 인재가 나간다면 타격이 클 수밖에 없다. 요즘 같은 때에는 업무 영역이 넓고 타 부서와 긴밀하게 커뮤니케이션할 수 있는 네트워크형 인재도 큰 힘을 발휘한다.

멀티형 인재의 경우에는 그만큼 인력채용이 힘들다. 그렇다고 회사

입장에서 각각의 업무들을 전문적으로 처리할 수 있는 인력을 개별적으로 뽑을 수도 없는 노릇이다. 따라서 네트워크형 인재 혹은 멀티형 인재가 지금 우리 사회가 요구하는 대상이다.

8

투잡, 쓰리잡을
꿈꾸는 직장인

노후대책과 불안한 경제상황의 타개책으로 두 가지 이상의 직업을 겸하는 투잡족이 요즘 트렌드이다. 바쁜 직장생활 중에도 자신의 또 다른 꿈을 이루기 위해, 자신의 재능을 키우기 위해, 혹은 자신의 미래를 위해 퇴근 후 새로운 일을 시작하는 '투잡족'이 늘고 있다.

  실업에 대한 불안감이 커지고 주5일 근무제의 확대로 여유시간이 많아지면서, 많은 사람들은 두 개 이상의 본업을 가진 '투잡스Two Jobs 족'에 대해 많은 관심을 갖는다. 한 가지 일에만 매진하는 것이 아니라 돈도 벌고 취미도 살릴 수 있는 또 다른 직업을 꿈꾸는 것이다. 부수입도 얻고 자기계발도 이룰 수 있기 때문에 여건만 허락한다면 투잡스족이 되기를 바라는 직장인이 많아지고 있다.

  채용 정보업체 '잡코리아'가 직장인 4,035명을 대상으로 조사한 결과에 따르면, 본업 외에 부업을 갖고 있는 직장인은 전체 응답자의 10.5%에 이르렀다. 부업을 통해 얻는 월평균 수입으로는 '50만~99만 원'31.2%, '100만~199만 원'26.2% 등이며 한 달에 '500만 원 이상'의 수입을 올리는 경우도 6.4%에 달했다. 이들은 금전적인 보상보다도 부업을 통해 '나 자신을 즐길 수 있는가'에 초점을 두기 때문에 대단한 열정을 보인다. 이러한 강력한 동기가 부여되는 한 오늘도 그들의 행복한 두 줄타기는 계속되고 있다. 하루 24시간은 누구에게나 공평하게 주어지지만, 이를 쪼개고 또 쪼개어 배 이상의 수고로움과 배 이상의 성취감을 동시에 맛보는 것이다.

연예계에도 가수, MC는 물론 배우까지 영역을 넓히는 멀티플레이어가 큰 사랑을 받고 있고, 한 지붕 안에 두 가지 점포를 운영해 공간 효율을 꾀하는 숍인숍이 많아지고 있다. 경쟁력을 갖춰 두 직업으로 활동하는 투잡스족은 샐러리맨들의 새로운 목표가 됐다. 투잡스족이 가장 많은 분야는 '인터넷 쇼핑몰'이다. 별도의 점포도 필요 없고 온라인상으로 관리가 가능해 본래 직업에 영향을 주지 않기 때문이다.

필자가 잘 아는 맹렬 여성 H씨는 인터넷 쇼핑몰로 운명을 바꾸어 놓았다. 필자가 왜 H씨를 맹렬 여성으로 느끼는가 하면, 그녀는 20대 후반이지만 사회의 정확한 트렌드를 읽으며 투잡, 쓰리잡을 실현하기 때문이다. H씨는 낮에는 방송출연 및 리포터로 활동하고 있다. 남들이 보면 나름대로 바쁘다고 할 수 있는 상황인데도 H씨는 시간이 많이 남는다고 한다. 그녀는 평소에 관심이 많았던 액세서리를 활용해 무엇을 하면 좋을까를 고민하였다. 그리고 많은 시간을 들이지 않고도 돈을 벌 수 있는 인터넷 쇼핑몰 사이트를 운영하기로 결정하였다. 액세서리를 판매하는 일은 본인이 가장 잘 알고 쉽게 할 수 있었기 때문에 자신 있게 시작할 수 있었다고 한다. 그녀는 우선 남대문에 가서 좋은 상품들을 사다가 사진을 찍어 인터넷 쇼핑몰에 올려놓고 주문을 받았다. 그리고 자신의 사이트를 알리기 위하여 책을 썼다. 책의 내용은 '인터넷에서 어떻게 하면 돈을 벌 수 있는가?'라는 주제였다. 그 책은 투잡을 꿈꾸는 젊은이들에게 많이 팔렸고, 그녀의 사이트 역시 인기를 얻게 되었다. 한 달에 상당한 매출액을 올리게 되자 직원 한 명을 고용하여 사이트를 운영하게 되었다.

그녀는 인터넷 쇼핑몰 창업에 관한 유명인사가 되어 대학이나 평생교육원에서 창업전략이나 인터넷 쇼핑몰을 직접 구축하는 방법에 대한 수많은 강의 요청을 받고 있다. 연예인처럼 강의를 하러 가는 차안에서 새우잠을 자면서도 그녀는 피곤한 줄 모른다. 낮에는 방송 관련 일을 하고, 한쪽으로는 인터넷 쇼핑몰을 운영하고, 틈나는 대로 전국을 다니면서 강의를 하는 H씨는 투잡을 넘어서 쓰리잡을 하고 있는 성공한 여성이다.

H씨는 "원래 하고 싶어 했던 본업에도 충실할 수 있고, 인터넷 쇼핑몰을 통해서 나름대로 수입도 올리고 있어 하루하루가 행복하다."고 말한다. 투잡스족을 꿈꾸는 사람들에게 H씨는 충분히 부러워할 만한 여성이다.

날로 생존경쟁이 치열해지는 가운데 투잡스족은 이제 샐러리맨들의 목표로 자리를 잡았다. 인터넷 다음 카페 '미래를 준비하는 사람들'은 37,000여 명의 회원이 가입, 성공적인 투잡스를 위한 정보를 공유하면서 매주 토요일 세미나를 열고 있다. H씨 같은 사람들은 "투잡스를 단순 부업으로 생각하기보다는 체계적으로 준비해서 양쪽 분야에서 전문가가 돼야 성공할 수 있다."고 조언했다.

9

성공적인 '커리어'를
개발하라

성공에 대한 정의가 변하고 있다. 어떤 사람은 성공을 부의 축적이라고 생각한다. 또 어떤 사람은 직장에서의 지위 혹은 사회적 신분으로 성공을 평가하는가 하면, 자신이 맺고 있는 네트워크를 성공의 척도로 삼는 사람도 있다. 또 일과 삶의 균형을 얼마나 잘 유지하는가로 성공을 평가하거나, 자신이 좋아하는 일을 마음껏 할 수 있는지의 여부로 성공을 평가하기도 있다.

이처럼 사람들이 다양한 성공의 정의를 갖게 된 이유는 무엇일까? 그것은 바로 성공적인 커리어를 가졌기 때문이다. 결국 성공적인 커리어를 갖는다는 것은 성공적인 삶으로 향하는 가장 확실한 방법이라 할 수 있다. 얼마 전까지만 해도 우리나라에서는 한번 취업한 직장이 평생직장이었기 때문에 회사가 연공서열에 의해서 승진관리를 해왔다. 따라서 조직 구성원들은 자기의 커리어 개발이나 관리에 대해서 무관심한 편이었다. 그러나 최근 각 기업마다 능력급이나 연봉제들이 도입되고 있으며, 조기퇴직 등 환경의 변화가 급격하게 일어나고 있어 자기의 경력을 관리하는 문제가 생존 문제로 직결되기 시작했다.

커리어 개발은 개인이 설정한 목표의 성공을 이루거나 새로운 직종에 진입하기 위하여 자신의 업무 능력을 높이는 등 해당 분야의 경력을 쌓아가는 것이다. 커리어 관리란 개인의 성공 목표를 설정하고 이를 달성하기 위한 커리어 계획을 수립하여 조직의 욕구와 개인의 욕구가 합치될 수 있도록 자신의 경력을 관리하는 활동을 말한다.

커리어 개발과 관리는 개인에게 원하는 직업과 승진 가능성, 자기발전의 가능성을 제시하여 성취동기 유발을 목적으로 한다. 물론 커리어 개발이나 관리에 관심을 갖는 것 자체로 승진이나 성공을 불러올 수는 없지만, 성공적인 삶을 살고 있는 사람들은 대부분 자신의 커리어 개발과 관리에 대해 많은 관심을 가지고 있다.

더욱이 평균수명이 연장됨에 따라 평생직장보다 평생직업의 중요성이 강조되고 있는 시점에서, 커리어 개발과 관리는 예측하기 어려운 미래의 생존 전략과 직결된다. 이에 따라 많은 직장인들은 자신의 커리어 개발에 관심을 두고, 기업에서도 인재의 고용에 유연하고 능동적인 대처가 필요하게 되었다. 기업은 인적자원 관리에 있어 기존의 학벌이나 인맥보다는 능력주의 인사관리가 요구되고 있으며, 전문적인 지식이나 능력을 갖춘 커리어 개발을 더욱 중요시하게 되었다.

커리어 개발에도 레드오션과 블루오션이 있다. 경력의 레드오션은 남들이 누구나 할 수 있는 지위나 역할을 얻기 위하여 목표를 세워 도전하는 것으로, 자신의 목표는 달성할 수 있지만 치열한 생존경쟁 시대에서 자신의 가치를 희소성 있게 만드는 데는 한계가 있다. 이미 블루오션 전략으로 성공한 사람들의 삶을 모방하다 보면 근접하게 성공할 수는 있지만, 아무리 노력해도 '넘버 투'를 벗어나긴 어려울뿐더러 다시 레드오션 시장으로 뛰어드는 것과 같다.

경력의 블루오션은 남들이 하지 못하거나 아직 하지 못한 부분에서 경력을 쌓는 것이다. 그래야만 희소성도 높을 뿐만 아니라 경쟁 없이 원하는 고지를 쉽게 점령할 수 있다. 그러나 경력의 블루오션 전략을 찾았다고 해도 목표를 달성하기란 용이하지 않다. 기본적인 경력 외에 다양한 지식이나 경험을 바탕으로 자신의 목표에 대한 트렌드를 추출할 수 있는 안목을 키워야 하며, 그 트렌드를 바탕으로 블루오션 전략을 세워야 하기 때문이다.

결국 경력의 블루오션 전략은 다양한 지식과 경험을 바탕으로 트렌드를 분석하고, 그에 따라 목표를 수립하고, 내가 가지고 있는 장점과 단점을 종합적으로 분석하여 융합하거나 다른 분야의 것을 추가함으로써 만들어질 수 있다.

커리어 개발의 가장 근본적인 바탕은 자신의 목표나 인생의 목적이 무엇인지를 확인하는 것이다. 그 바탕 위에 자신이 소유하고 있는 자원들을 적절하게 배치하고 관리하는 관리자의 역할을 이행해야 한다. 오늘날처럼 고용불안이 증가하는 상황에서 현대인들은 커리어 코치의 도움을 받아 직업 및 진로 선택을 결정하는 경향이 높아지고 있다.

제3장

전직하려면
직업 트렌드를
읽어라

●

미래 사회는 지금보다 더 빠른 흐름으로 변화할 것이다. 어쩌면 지금의 속도로 미래를 예견하는 것은 판단착오일지도 모른다. 하지만 남들보다 앞서 미래 시장을 개척하고 선점하려면 지금 당장 수많은 정보를 동원하고 분석하는 노력이 요구된다. 사실 미래 사회에 어떤 직종이 유망할지 알 수는 없지만, 거시적으로 볼 때 자신이 열정을 다할수 있는 직업이 가능성이 높다. 왜냐하면 미래 사회는 더 창조적이고, 더 참신하고, 더 빠른 것을 요구하기 때문이다. 이런 요구를 소화하기위해서는 번뜩이는 아이디어가 있어야 하며, 그러한 아이디어는 관심과 열정이 있을 때 얻어지는 것이다. 따라서 자신이 최고로 열정을 쏟을 수 있는 일, 지치지 않고 즐길 수 있는 일을 찾는 것이 중요하다.

1

자아실현의 수단으로
내딛는 직업

과거 농경사회에서 직업이란 주로 농업과 관련된 것이었다. 18세기 영국의 산업혁명 이후 과학기술의 발달로 산업구조가 공업 위주로 변하게 되자, 생산적 서비스업의 비중이 높아졌다. 최근에는 우주공학, 유전공학, 컴퓨터, 반도체공학 등 첨단산업이 고도로 발달하는 정보산업 시대로 변화되고 있다.

 이처럼 직업은 시대의 구조와 발달단계에 따라 그 종류도 다양화, 전문화, 세분화되어 간다. 과거의 단순한 직업구조와 달리 현대사회에서 직업의 종류와 수는 약 2~3만여 종이나 되고, 사회의 변화에 따라 새로 생겨나기도 하고 사라지기도 한다. 전문가들에 따르면 현존하는 직업의 25%가 25년 전에는 없었던 직업이고, 2010년대가 되면 현존하는 직업의 50~70%가 없어지고 새로운 직종이 생겨나게 된다고 한다.

이러한 시대에서 과연 우리는 어떤 직업을 갖는 것이 좋을까? 또한 어떤 직업관을 가지고 살아야 평생 행복하게 살 수 있을까? 이러한 물음은 우리에게 중요한 과제가 되었다.

사전적 의미로 '직업'이란 경제적 소득을 얻거나 사회적 가치를 이루기 위해 참여하는 계속적인 활동을 말한다. 넓은 개념으로 커리어^{Career}라고도 하는데, 이는 보수나 시간에 관계없이 한 인간이 평생 동안 하는 일의 총체라고 할 수 있다. 좁은 의미로는 오큐페이션^{Occupation}이라고도 하는데, 이는 반드시 보수가 지불되는 직업을 말한다. 또한 잡^{job}은 직업의 최소단위를 구체적으로 표현한 것이다.

직업의 목적을 따져본다면 크게 생계유지의 수단, 사회생활 및 봉사의 수단, 자아실현의 수단으로 나눌 수 있다. 전통적인 사회에서는 직업을 오로지 생계유지의 수단으로 생각하는 사람이 많았다. 사람은 직업을 통해 자신과 가족의 경제생활에 필요한 수입을 얻을 수 있기 때문에, 직업은 경제적으로 안정된 생활을 유지하는 데에 중요한 수단이 되었다.

요즘에는 직업을 단순히 생계유지의 수단만이 아니라 사회생활 및 봉사의 수단으로 생각하는 사람이 증가하고 있다. 이것은 직업을 원만한 사회생활을 유지하는 데에 필요한 수단으로 여기는 사람들이 늘어나고 있다는 뜻이다. 왜냐하면 직업이란 개인을 사회와 연결하여 서로 협동하고 의존하는 관계를 형성해 주기 때문이다. 뿐만 아니라 직업을 통한 사회생활을 함으로써 다른 사람에게 필요한 것을 제공할 때의 만족과 보람을 느끼게 된다.

한편으로는 직업을 자아실현의 수단이라고 생각하는 사람들도 많다. 이들은 직업을 통하여 자신의 능력을 발휘하고, 꿈과 포부를 실현하려는 입장이기 때문에 자신이 하고 싶은 창조적인 일이나 가치 있는 일을 찾게 된다.

이렇듯 직업이란 단순히 생계유지의 수단을 넘어, 사회생활을 유지하거나 자아실현을 위한 길이기도 하다. 결국 우리는 직업을 통해 자신이 살고 싶은 인생을 실현하고, 그로써 행복을 추구한다고 말할 수 있다.

2

충족 욕구를
만족시키는 직업

인류는 원시시대부터 사회를 구성하고 그 안에서 삶을 영위하여 왔다. 원시시대에는 직업의 의미도 없었고 채집과 사냥이 대부분을 차지하였으며, 사회는 단순하였다. 그래서 사람들의 가장 큰 욕구는 생리적 욕구였다. 잘 먹고 잘 잘 수 있는 생리적 욕구만 만족되면 더 이상 추구할 목표가 없었다. 이러한 생리적 욕구를 지속적으로 유지하기 위하여 인류는 정착하게 되었고 경작과 목축을 하였다. 여기에서 발전하여 함께 일하기 위해 사회와 조직을 만들었고, 그 틀을 잘 유지하고 관리하기 위해 국가나 단체를 만들었다.

그 이후부터 인류는 기술과 문명의 발전에 따라 점차 복잡한 사회를 구성하고 다양성을 띠게 되었다. 이러한 급속한 변화 속에서 현대사회는 다양한 직업이 등장하게 되었으며, 또 다양한 조직과 단체들이 만들어졌다. 이러한 변화에 적응하지 못한 사람들은 미래에 대처하는 능력들을 키우지 못하고 정체되기 시작하였다. 사회가 단순한 구조일 때는 배워야 할 것이 별로 없었지만 사회가 복잡해짐에 따라 많은 것을 습득하고 활용해야 발전할 수 있기 때문이다. 이에 따라 사람들은 새로운 분야에 진입하는 것에 대한 두려움도 생기게 되었다.

미국의 심리학자인 머슬로우Maslow는 이러한 인간의 욕구 변화를 7단계로 나누고, 그에 상응하는 욕구의 위계를 제시하였다. 그는 우선 크게 결핍 욕구와 존재 욕구로 구분하고, 나머지를 세분하였다. 결핍 욕구는 일단 만족되면 그것을 달성하려는 동기가 감소하게 된다. 반면 존재 욕구는 충족되면 충족될수록 더 높은 성취를 요구한다. 예컨대 배우고 이해하는 노력이 성공적일수록 사람들은 더 큰 배움을 위해 한층 노력하게 된다. 머슬로우의 이론에 의하면 결핍 욕구와 달리 존재 욕구는 완전히 충족될 수 없으며, 그것을 성취하려는 동기는 끊임없이 유발된다. 결국 직업이 필요한 이유는 인간의 끊임없는 존재 욕구로 인한 것이라 할 수 있다.

한편 머슬로우의 욕구 이론에 대한 반론도 있다. 머슬로우는 하위 욕구가 채워져야 상위 욕구로 넘어간다고 했지만, 사실 그렇지 않은 경우도 있다는 것이다. 가령 자원봉사자나 수도자들은 생리적 욕구가 충족되지 않은 상태에서도 자아실현의 욕구를 채우고 있기 때문이다. 그밖에도 예술가나 학자 같은 사람들은 심미적 욕구와 인지적 욕구를 채우기 위해 기타의 욕구를 포기하기도 한다. 그러나 일반적인 사람들에게는 이 이론이 상당 부분 적용된다. 자신의 욕구단계를 확인해 보면, 왜 그런 욕구를 가지게 되었는지와 욕구를 해소하는 방법까지 찾을 수 있다.

참고: 머슬로우의 욕구 7단계

종류	구분	내용
생리적 욕구	식욕, 수면욕, 성욕, 식사, 물, 고통회피, 작업장에서는 봉급 및 작업환경	경제적으로 겪는 문제를 해결하고 싶은 욕구, 돈을 벌고 싶은 욕구
안전에의 욕구	도둑으로부터의 안전, 위험, 사고로부터의 보호, 안전한 작업환경, 봉급인상 및 건강증진환경	새로운 사업이나 창업을 하고 싶은 욕구, 새로운 직업을 갖고 싶은 욕구, 자신의 건강을 챙기고 싶은 욕구, 새로운 분야에 진출하고 싶은 욕구
소속에의 욕구	동료 간의 친화감, 대인 간의 만족	직장 내에서 좋은 인간관계를 맺고 싶은 욕구
존경의 욕구	자기 존경, 목적달성 후의 안전, 자신감, 작업장에서 개인의 능력 기술로 인한 작업성과 향상	남들에게 존경받고 싶은 욕구
인지적 욕구	지적으로 많은 지식을 배우고 싶은 욕구	새로운 직업을 갖기 위해서 갖추어야 할 교육에 대한 욕구, 전문가 갖추어야 할 커리어에 대한 욕구, 자격증을 취득하고 싶은 욕구, 학위를 취득하고 싶은 욕구, 공부하고 싶은 욕구
심미적 욕구	예술적 아름다움을 향유하고 싶은 욕구	좋은 것을 보고, 좋은 음식을 먹고, 좋은 것을 갖고, 좋은 곳에 가고 싶은 욕구
자아실현의 욕구	잠재적 성장이 최고조에 도달했을 때 발생하며 개인의 성장과 그들의 기술 능력을 개발·발전시켜 더 높은 목표에 도전하고 혁신하는 단계	자신이 마음먹은 것을 실천하고 싶은 욕구, 원하는 목표를 달성하고 싶은 욕구

3

평양감사도
저 싫으면 못 한다

세상에는 수도 없이 많은 직업이 있으며, 세월의 흐름에 따라 없어지기도 하고 새로 만들어지기도 한다. 1950년대 우리나라 직업의 종류는 불과 2,000여 종에 불과했는데 1960년대 이후 산업화 과정을 거치면서 그 종류가 계속 늘어갔다. 현재 우리 사회가 필요로 하는 직업의 종류와 수는 약 3~5만여 종으로, 계속 존멸하고 있다. 예를 들어 워드프로세서, 승강기 보수기능사 등은 이전에 없었던 새로운 직종이다. 따라서 수많은 직업의 종류와 그에 따른 다양한 정보를 수집하고, 자신의 경험과 능력에 맞는 직업을 선택할 여지도 많아졌다.

직업은 우리의 삶에 중요한 역할을 수행한다. 우리는 평생 어떤 형태로든지 직업과 관련된 삶을 살아갈 수밖에 없으며, 직업을 통해 생계유지뿐만 아니라 사회적 역할을 수행하며 자아실현을 이루어간다.

어떤 사람들은 직업을 통해 삶의 보람과 긍지를 맛보며 만족스런 삶을 살아가는 반면, 어떤 사람들은 직업을 잘못 선택하여 평생 후회와 한탄으로 보낸다. 좋은 직업이란 사람의 개성이나 취향에 따라 다를 수밖에 없지만 보편적으로 다음과 같은 직업이 좋은 직업이라 할 수 있다.

자기의 적성에 맞는 직업

옛말에 평양감사도 자기가 싫으면 못 한다고 했다. 아무리 금전적으로 풍족한 수입을 보장하는 직업이라 해도 본인의 적성에 맞지 않는 일은 즐겁지 않을 뿐만 아니라 스트레스를 불러일으켜 건강한 삶에 지장을 준다. 따라서 가장 좋은 직업이란 바로 적성에 맞는 일을 하는 것이다. 적성에 맞는 일이야말로 스스로 자부심을 느낄 수 있는 것이며, 인생을 즐겁게 살 수 있는 방법이다.

생계를 유지하기에 충분한 수입을 가져다주는 직업

자본주의 체제에서 살아가려면 어떤 삶이라 해도 금전적인 방식으로 영위될 수밖에 없다. 간단한 의식주를 해결하는 일에도 최소한의 재화가 필요하다. 이러한 문제를 해결하는 것이 바로 직업이다. 따라서 기본적으로는 의식주를 해결하는 데 필요한 돈이 보장되는 직장, 나아가 노후의 생활까지도 책임질 수 있는 수입이 보장되는 직업이 좋다.

정년을 보장받는 직업

직업은 오랫동안 지속되는 것으로서 의미가 있다. 보수나 적성에 맞는다 해도 그 일을 오래 할 수 없다면 새로운 직장을 구해야 한다는 불안에 시달릴 수밖에 없다. 그런 불안 속에서는 업무도 제대로 처리해 나가기 힘들다. 보수는 좀 적더라도 정년을 보장받을 수 있다면 안정적으로 생활할 수 있다. 그래서 일반 직장보다 정년이 확실히 보장되는 공무원은 늘 인기 있는 직업이다.

신변의 안전이 보장되는 직업

안락한 사무실에서 일하는 경우도 있지만 때로는 피치 못하게 이라크 같이 전쟁터에서 죽음을 담보로 일을 해야 할 때가 있다. 물론 나름대로 개인적인 사정이나 국가적인 필요성 등의 명분이야 있겠지만 굳이 안전한 직장을 구할 수 있는데도 불구하고, 신변의 안전이 보장되지 않는 직업을 선택하는 것은 그리 현명한 처사가 아닐 것이다.

직업에 대한 자긍심을 가질 수 있는 직업

지금은 직업의 귀천이 없는 시대라고 하지만 우리 사회에서 선망하는 직업은 남아 있다. 객관적으로 많은 사람들은 보수가 높고, 사회적 존경을 받을 수 있는 직업을 선망한다. 그러나 그보다 우선해야 하는 것은 스스로 그 일에 대해 긍지를 느낄 수 있는 일이어야 한다. 스스로 자랑스러워하는 일을 할 때 우리는 삶의 가치와 보람을 느낄 수 있기 때문이다.

사회적으로 봉사할 수 있는 직업

일에는 금전적인 수입과 함께 보람이 따른다. 보람 있는 일이란 나의 직업적 활동이 여러 사람에게 기쁨을 주거나 희망을 줄 수 있는 일이다. 그러한 직업은 자신에게는 보람을, 사회에는 봉사적 가치를 주는 일일 것이다. 대표적으로 공무원이라는 직업이 여기에 속하고, 그밖에 사회복지와 관련된 다양한 직업들이 있다.

충분한 여가와 자유가 보장되는 직업

대기업의 직장인들은 생존경쟁이 치열하다. 직장 내에서 승진을 하거나 퇴직당하지 않으려고 생존경쟁을 벌인다. 주어진 일은 물론 시키지 않은 일까지 하기 위해 주말에도 출근한다. 이렇듯 지속적으로 과로하게 되면 일의 효율도 떨어지고 심신도 지칠 수밖에 없다. 생산성을 높이려면 휴식도 중요하다. 건강하고 즐거운 웰빙라이프를 구가하려면 근무시간이나 근무일수가 짧은 직업이 좋다.

성취감을 맛볼 수 있는 직업

내성적인 사람이 여기저기 돌아다니며 여러 사람들을 상대해야 하는 영업을 하게 된다면 성취감을 느낄 수 없다. 반면 활동적인 성격을 지닌 사람이 하루 종일 의자에 앉아서 서류만 작성하는 것 역시 마찬가지일 것이다. 자신의 적성을 살려 즐겁게 근무할 수 없는 경우에는 지루함을 견디기 힘들 뿐만 아니라 오랫동안 종사하기도 어렵다. 직업 활동에서 얻는 성취감은 동기부여의 측면에서 중요한 것이다.

4

새로운 채용환경을
빠르게 받아들이자

사회의 급속한 변화에 따라 기업의 구조조정과 경영환경이 급변하고 있다. 이에 따라 어느 기업이든 회사의 미래를 이끌어갈 인재를 받아들이고 싶어 한다. 훌륭한 인재를 채용하지 못하거나 인재 육성과 개발을 제대로 이끌지 못하는 기업은 비전이 없다고 봐야 한다. 전문가들도 글로벌 시대에는 훌륭한 인재를 모집, 채용하고 사기 진작을 꾀하여 인재의 육성, 개발에 노력하는 기업만이 성장하고 발전한다고 말한다. 이러한 추세에 따라 기업들은 과거의 채용방식에서 벗어나 새로운 방식을 과감하게 도입하고 있다. 달라지고 있는 기업의 채용방식을 살펴보면 다음과 같다.

소규모 수시 채용, 상시 채용의 보편화

대기업 및 그룹의 해체로 인하여 대규모 일괄 채용은 점차 사라지고 계열사별 자율채용제도가 확대되어 전문분야별 소규모, 소수 채용이 일반화된 채용제도로 자리 잡고 있다. 기업 차원에서의 홍보보다는 채용경비 절감을 위해 인터넷 홈페이지를 통해 홍보하고 채용하는 방식이 활성화되고 있다. 또한 채용박람회 같은 행사를 이용하는 빈도도 점차 증가할 것으로 예측되어, 채용 대행사업이 활성화될 것으로 전망되고 있다.

경력사원 선호 증가

기업 입장에서 볼 때, 신입사원을 모집하면 회사 적응을 위한 신입사원 적응교육부터 시작하여 직업능력 개발을 위한 부단한 연수 과정을 제공해야 한다. 따라서 사원을 모집할 때 교육 연수를 할 필요가 없는 사람, 즉 그 분야의 경력자를 뽑으려 한다. 이러한 변화는 평생직장에 대한 보장이 점점 어려워지고 있음을 의미한다. 그리고 직원으로서는 장래가 보장되지 않기 때문에 애사심도 저하되고, 인력시장에 언제든지 트레이드하기 위하여 자신의 몸값을 올리려는 흐름을 낳고 있다.

계약직, 임시직, 파견직 채용의 활성화

기업에서는 정규직 신입사원의 채용에 따라 기본 보수 이외에 다양한 복지혜택과 노조 확대에 대한 부담을 느끼게 된다. 따라서 정규직보다는 비정규직의 채용을 늘려 인건비 절감과 용이한 노무관리를 바라고 있다. 요즘은 파견기업이 난립해 노동자들의 과다 덤핑공세가 이루어져 노동의 질이 저하되고 있다. 저급한 노동의 질은 그대로 파견 직원의 대우 저하로 이어져 악순환이 계속된다.

인턴사원 채용제도의 권장

인턴사원은 기업 차원에서는 경력사원을 뽑아야 한다는 시대적인 요구에 적응하는 길이며, 구직자의 입장에서는 회사에 적응하는 방법과 전문기술을 배울 수 있는 기회가 된다. 정부에서도 실업난 완화를 목적으로 적극 권장하고 있다. 그러나 인턴사원 제도가 미래 고용을 확실히 보장하는 것은 아니기 때문에 요즘 대학에서 시행하고 있는 맞춤식 교육을 통해 취업을 보장받는 인턴사원 제도를 해야 하겠다.

기타 채용방법의 변화

기업에서는 점차 신입사원보다는 경력사원을 채용하고자 하면서 필기시험이 폐지되는 분위기이다. 서류심사와 적성검사만으로 채용하기 때문에 전형 방식이 점차 다양화되고 있다.

서류심사에서는 이력서에 첨부된 학교 성적, 어학 실력, PC 활용능력, 자격증, 특기 등을 보며, 자기소개서를 통해 가정환경, 학교생활, 성격, 과외활동 등을 강화해서 본다. 또한 적성검사에서는 면접시험을 강화하여 개별·집단면접, 집단토의, 이색면접 등을 실시하기도 한다.

5

내 맘에 쏘옥 드는
직업 찾기

우리나라만큼 직업에 대한 귀천의식이 강한 나라도 드물다. 직업의 귀천의식이 강한 사회일수록 직업을 생계수단으로 생각하기 때문에 보상 수준이 직업을 평가하는 기준이 된다. 결국 이러한 사회적 분위기는 자신의 재능이나 적성은 무시한 채 모두가 보상 수준이 높은 직업만을 좇게 만든다. 직업의 좋고 나쁨을 보상 수준으로만 따지게 되면 하위직업 종사자는 열등감을 느낄 수밖에 없고 사회 전체의 직업 만족도는 낮아진다. 또한 보상이 높은 상위직업 종사자라고 해도 적성이 맞지 않은 경우가 많기 때문에 만족도가 높지 않다. 한국직업능력개발원의 조사결과를 보면 대표적 고소득 직업이자 선망의 대상인 의사들의 직업 만족도는 예상 외로 낮다고 한다.

얼마 전까지 치과의사였던 K씨가 갑자기 병원을 팔고 국수집을 차려서 화제에 오른 적이 있다. 매일 얼굴을 찡그리는 사람들만 상대하던 어느 날, 자신에게 '내가 하고 있는 일이 정말 행복한가?'라는 질문을 해본 뒤 직업을 바꾸기로 결심했다고 한다. 남들이 부러워할 뿐만 아니라 소위 출세했다는 직업을 가진 사람이 국수집을 차린 것은 신선한 충격이 되기에 충분하였다. 하필이면 많고 많은 직업 중에서 왜 국수집을 차렸는가 하는 질문에 K씨는 "얼굴 찡그리는 사람들보다는 내가 해주는 국수를 먹고 기뻐하는 모습을 보는 것이 좋아서 선택했다."고 대답했다.

청년실업이 증가하고 일자리를 못 찾아 자살하는 시대에 무슨 배부른 소리냐고 할 수도 있겠지만 우리는 여기서 올바른 직업관의 필요성을 확인할 수 있다. K씨와 같이 만족하지 못한 인생을 살다가 뒤늦게 전환하지 않으려면 확실한 직업관을 세워야 한다. 직업관이 뚜렷할 때는 좋은 직업이니 나쁜 직업이니 하는 편견을 갖지 않게 된다. 그러나 직업관이 없는 경우에는 남들의 잣대로 직업을 평가하고 자신의 적성과 상관없이 직업을 선택하게 될 확률이 높다.

모든 직업은 장단점이 꼭 있어서 절대적으로 좋거나 절대적으로 나쁜 직업은 없다. 뿐만 아니라 각 개인이 어떻게 생각하느냐에 따라 직업의 특성은 장점이 될 수도 있고 단점이 될 수도 있다. 예를 들어 어떤 사람은 우유 배달일에 대해 새벽에 해야 한다는 것을 단점이라고 여기지만, 어떤 사람은 아침 운동을 겸할 수 있기 때문에 오히려 '우유를 배달시켜 먹는 사람보다 우유를 배달하는 사람이 더 건강하다'라고 믿는 사람도 있다. 이처럼 좋은 직업 나쁜 직업은 상대적인 개념이지 절대적인 개념이 아니다. 또한 자신의 모든 욕구를 충족시켜 줄 수 있는 직업은 없으므로, 자신이 바라는 우선순위를 설정하고 그 항목에 충족되는 직업을 고려해야 한다.

미국의 정책연구기관인 카토연구소에서는 행복과 관련하여 주목할 만한 연구결과를 내놓았다. 연구에 따르면, 사람의 행복을 결정하는 가장 중요한 요인은 유전자로서 대략 50%의 영향을 끼친다고 한다. 우리가 중요하게 생각하는 사회적 지위, 결혼, 건강, 소득, 직업 등은 우리의 행복을 결정하는 데 겨우 10~15%밖에 영향을 끼치지 못한다고 한다.

경제학자 프레이와 스터쳐^{Frey and Stutzer}는 국민소득과 행복의 관계를 분석했는데, 국민소득이 높을수록 국민의 행복감은 높아지지만 1만 5,000달러를 넘는 국가에서는 이 관계성이 무의미하다고 말한다. 말하자면 소득이 일정 수준을 넘게 되면 물질적 풍요만으로는 더 높은 행복을 줄 수 없다는 것이다. 경제정책의 성공 여부를 국민소득의 크기로 측정하고, 국민의 행복은 국민소득에 의해 결정된다고 간주하여 온 기존의 경제학과는 다른 입장이다. 이 연구들을 분석해 보면 직업을 선택할 때 돈을 버는 목적보다 사회적 기여와 자기만족이 더욱 중요한데도 이러한 정신적 가치가 상대적으로 등한시되어 온 것을 알 수 있다.

6

적성보다 훨씬 중요한 '마음가짐'

『공부가 가장 쉬웠어요』의 저자인 장승수 씨는 어려운 가정형편 때문에 일찌감치 대학 진학을 포기하고 술집이나 당구장을 돌아다니며 고교 시절을 보냈다. 그러다 스무 살이 되어 집안의 생계를 책임지는 가장 노릇을 하며 뒤늦게 대학문을 두드리게 되었다. 시험을 준비하면서 그는 포클레인 조수, 오락실 홀맨, 가스·물수건 배달, 택시기사, 공사장 막노동꾼 등 여러 개의 직업을 전전했다. 고려대 정치외교학과, 서울대 정치학과, 서울대 법학과 등에 지원했다가 낙방하였지만 그는 도전을 멈추지 않았다. 결국 고등학교 졸업 6년 만에 서울대 수석을 차지한 데 이어 2003년에는 제45회 사법시험에 합격하여 법조인의 길을 걷고 있다.

장승수 씨는 시험공부를 하는 동시에 가난한 생계를 책임지기 위해서 닥치는 대로 일을 했다. 그때의 순간에 대해, 그는 일이 힘들긴 했지만 항상 최선을 다하다 보니 결국에는 적성에 상관없이 열심히 하게 되었다고 한다. 실제로 극심한 가난을 겪는 사람들은 어떠한 직업이라도 열정을 가지고 임한다. 일에는 적성도 중요하겠지만 일을 하는 사람의 마음가짐이 더욱 중요하다고 할 수 있다.

필자도 과거에 수많은 일들을 직접 경험해 보았다. 공고를 나와서 공장에서 생산직에 종사해 보기도 하였고, 길거리에서 물건을 팔아보기도 하였다. 여행사 관광안내원으로 10년을 일했고, 자동차 정비공장에서 자동차 수리도 했다. 교육청에서 행정 업무일도 했으며, 학교에서 학생을 가르치는 교사나 교수도 해보았고, 뷔페식당에서 음식을 만들거나 요리강의도 해보았다. 이렇게 다양한 일들을 경험하면서 느낀 것은, 어떤 일을 하더라도 스스로 즐겁다고 생각하면 진짜 즐거운 일이 되지만 괴롭다고 생각하면 일도 즐겁지 않을뿐더러 그만두고 싶은 마음에 사로잡힌다는 것이다.

직업을 적성으로 선택하기 위해서는 우선 본인이 그러한 직업을 선택할 만한 자격을 충분히 갖추었는가를 알아야 한다. 예를 들어 변리사가 되고 싶다면 변리사 시험에 합격해야 자격이 주어지는 것이지, 적성에 맞는다고 누구나 변리사가 될 수 있는 것은 아니다. 이런 경우 적성에 맞는 직업이란 선택할 수 있는 위치에 있는 사람만이 가지는 특권이라 할 수 있다. 즉 원하는 직업을 선택할 수 있으려면 그에 합당한 노력이 수반된다.

세상에서 적성에 딱 맞는 일을 할 수 있는 사람은 그리 많지 않다.

대개는 적성과 상관없이 자신의 처지와 환경에 따라 일을 하는 경우가 많다. 이런 상황에 처한 사람들은 재미를 느끼지 못한 채 무의미하게 시간만 낭비하게 될 수도 있다. 대학생활도 마찬가지다. 적성보다 점수에 맞추어 대학에 진학한 경우 의무적으로 학교를 다니다, 졸업 후 전공과 전혀 다른 일을 하게 되는 경우도 많다. 통계에 의하면 실제로 자신의 전공과 연관된 일을 하는 사람들은 30%가 채 안 된다는 결과도 있다.

7

직장은 잠시
쉬어 가는 곳이 아니다

직업관이란 개인이나 사회의 구성원들이 여러 가지 직업에 대하여 가지고 있는 태도나 가치관을 말한다. 사회생활을 시작하는 이들에게 건전한 직업관은 중요한 의미를 지닌다. 왜냐하면 본인에게 맞는 행복한 삶의 방식을 전하는 매개체이기도 하고, 자기 발전에 커다란 영향을 끼치기도 하기 때문이다.

자신에게 맞는 직업을 선택하기 위해 가져야 할 직업관
직업은 원래 그 자체에 귀천이 있는 것이 아니라 각자의 가치에 따라 결정되는 것이므로 자신이 만족할 수 있는 직업이 좋은 직업이 된다. 그리고 세상에 존재하는 모든 직업은 우리 사회가 유지되는 데 꼭 필요한 것이기 때문에 모두 다 소중하다는 인식을 가져야 한다.

예로부터 우리의 전통사회에서는 직업을 하늘이 내리는 것으로 여기고 그 일에 충실해야 한다는 문화가 있다. 직업을 오랫동안 유지하려면 출세나 물질적인 수입만을 좇기보다 일 자체로부터 자신의 성취감을 얻고자 해야 하며, 사회에 봉사하고자 하는 자세를 지녀야 한다.

직장인이라면 누구나 회사로부터 받는 월급만큼 자신의 직무에 충실해야 할 의무가 있다. 그러한 책임의식을 토대로 새로운 지식과 기술을 익혀 자기 분야에서 발전하고자 하는 자세를 지녀야 한다.

직장인의 올바른 마음가짐

직장이나 사회에서 성공한 사람이 되기 위해서는 수시로 자신의 생활태도를 점검할 필요가 있다. 우선 어떤 직장이든 절대로 '잠시 쉬었다 가는 곳'으로 생각해서는 안 된다. '모든 것을 바쳐 일할 곳'이라는 마음가짐으로 최선을 다해 일해야 한다. 또한 직장을 경제적인 이유로 시간을 때우는 장소가 아닌, 하루 생활의 3분의 2를 보내는 '삶의 터전'으로 인식해야 한다. 잠시 쉬었다가 가는 곳이라 생각하면 직장생활을 하는 동안 즐겁지 않을뿐더러 상사의 눈치만 보게 되어 일의 효율도 떨어지게 된다.

직장이란 자신이 가장 의욕적으로 활동할 수 있는 시기에 전문적인 일을 배우는 '수련의 장'이라고 생각해야 한다. 이러한 겸손한 마음으로 시작한다면 회사에도 이익이 되고 자신도 발전하게 될 것이다. 회사에 입사하기로 결정했다면 최소한 회사에 있는 동안만큼이라도 인정을 받기 위해서 최선을 다해야 한다. 이러한 태도는 나중에 자영업을 하든 프리랜서를 하든 자신감으로 작용하지만, 그렇지 않으면 어디에서 무슨 일을 해도 인정받기 어렵게 된다.

회사로부터 인정받으려면 강한 의지와 불굴의 정신으로 어려운 일을 성취해 내려는 강인한 마음을 가져야 한다. 또한 동료를 존중하고 격의 없는 일체감으로 서로 협동하려는 마음을 가져야 한다. 뿐만 아니라 무에서 유를 창조하려는 창의적인 자세로 일해야 하며, 조직의 규정을 준수하고 매사 원칙에 입각하여 공정하게 처리하려는 자세를 가져야 한다.

취업 포털사이트 '사람인'은 '신입사원이 꼭 알아야 할 8가지 생존 전략'을 발표하면서 새내기 직장인들에게 조직문화에 적응할 것을 당부했다. 톡톡 튀는 아이디어와 다양한 개성이 일의 능률에 도움이 되긴 하지만 기본 예의를 지키지 않는 신입사원은 용납이 안 된다는 것이다. 또 자신이 기대했던 것만큼의 기회가 주어지지 않는 경우가 많기 때문에 인내력을 가지고 작은 일도 충실하게 처리하는 자세가 필요하다고 덧붙였다.

8

'예스맨'은 노예가 되는
지름길이다

외환위기 이후 지금까지 우리 사회는 심각한 경기침체로 인하여 청년실업이 사회문제로 대두되고 있다. 2004년 4월 말 통계청이 발표한 자료에 의하면 81만 명을 헤아리는 실업자 가운데 청년 실업자는 약 38만 명에 이르고, 청년 실업률은 7.6%를 차지하고 있다. 교육통계에 따르면 2004년 4월 당시 전문대학 졸업생의 취업률이 76.4%인 것에 비해 4년제 대학 졸업생의 취업률은 56.0%에 불과하여, 국가의 인적 자원 정책 측면에서 고급인력을 공급하는 4년제 대학의 기능과 역할에 대한 문제가 교육정책의 쟁점이 되고 있다. 덧붙여 현실적으로 일자리가 부족한 상황에서 대학 졸업자는 매년 배출되는데 기업의 고용정책까지 변화되고 있어 이들의 실업 기간이 장기화되고 있다. 이런 모든 상황은 심각한 사회문제로 제기되고 있다.

청년층의 실업은 그 자체로도 문제이지만 지금처럼 고용시장에서 청년 실업자나 실망 실업자가 늘어나게 되면 사회 활력이 크게 떨어질 뿐만이 아니라 청년층 소비의 주체들이 소비능력을 상실하여 기업들도 이익을 내기 힘들게 된다. 기업이 이윤을 올리지 못하면 투자와 고용이 더욱 줄어들고 실업이 증가하는 악순환이 반복된다. 나아가 청년실업의 여파로 젊은이들이 결혼을 미루게 되면 출산율 감소와 같은 상황이 발생하고, 근로의욕을 상실한 이들은 사회적 일탈의 우려가 높아지게 된다.

행복한 삶을 사는 방법에는 여러 가지가 있을 수 있으나, 가장 확실한 방법은 자신이 원하는 직업을 선택하고 자신이 하는 일에 대해 만족하는 것이다. 따라서 별 무리 없이 직업을 선택하고 마음 편히 일할 수 있느냐 하는 것은 우리에게 행복의 척도가 될 수도 있다. 개인의 생애를 통해서 가장 중요한 과업은 바로 자신의 소질과 적성에 맞는 직업을 선택하여 준비하고 취업하는 일이라고 할 수 있다. 그러나 요즘은 자신의 소질과 적성에 맞는 직업은 고사하고 취업 자체가 어려운 실정이다.

청년실업 극복을 위한 대학생 직업능력 개발 방안에 접근하는 방법은 다양할 것이다. 그러나 그들이 고학력자들이라는 점을 감안한다면 청년실업 극복을 위한 가장 효율적인 접근방법 중 하나는 기업에서 요구하는 직업능력 개발이라 할 수 있다. 이에 대해 각 대학에서도 대학 졸업자의 취업률 제고를 위한 다각적인 노력을 경주하고 있다.

최근 청년실업이 증가하고 대학생들의 취업이 낮아지는 현상에 대하여 책임 있는 정책을 요구하자 정부는 자신의 취업 문제는 자신의 노력에 달려 있다는 태도를 보인 바 있다. 한편 유시민 전 의원은 "젊은이의 90% 이상이 대학에 진학하는 우리나라에서 고학력 청년실업이라는 말 자체가 성립하지 않는다."며 "채워지지 않는 빈자리와 일자리를 찾는 실업자가 공존하는 구조적인 취업 문제를 정부의 탓으로 돌리기보다는 스스로 멀티플레이어가 되라."고 주문하였다.

유시민 의원의 요지는 결국 어려운 취업 현실 속에서 살아남기 위해서는 대학의 노력이나 정부의 노력보다는 자신의 능력을 멀티플레이어로 만들어 생존능력을 키워야 한다는 것을 의미한다.

구분	세부구분	내용
비자발적 실업과 자발적 실업	비자발적 실업	현행 임금 수준에서도 일할 의사와 능력이 있으면서도 일할 기회를 갖지 못해 실업 상태에 있는 실업
	자발적 실업	일할 의사만 있으면 지금 당장이라도 일할 수 있는 실업
경기적 실업		유효수요 부족으로 상품이 판매되지 않아 기업들이 생산을 계속할 수 없어 노동자를 해고함으로써 발생하는 실업
구조적 실업	경기구조적 실업	기술수준이 낮은 근로자들이 오랫동안 직장을 구하지 못하거나 자동화 또는 새로운 산업의 등장 등으로 경제구조 자체가 변할 때 새로운 산업이 요구하는 기술이 부족해 직장을 잃게 되면서 발생하는 실업. 만성적인 총수요부족에 기인하는 선진국형 구조적 실업
	마찰적 실업	노동시장의 수요와 공급 과정에서 근로자의 자발적 선택에 의해 일시적으로 나타나는 자발적 실업
	실망 실업	산업구조조정이나 경기침체 등으로 일자리가 줄어 구직활동을 벌여도 직장을 얻기가 거의 불가능하다고 생각하여 포기하는 실업
계절적 실업		겨울철에 건설업이나 농업에 종사하는 근로자가 추위로 인해 일을 할 수 없어서 실업자가 되는 경우

일을 하고자 해도 일자리를 갖지 못한 사람을 '실업자'라고 할 때, 관점에 따라서 비자발적 실업과 자발적 실업, 경기적 실업, 구조적 실업, 계절적 실업 등으로 다양하게 분류되고 있다. 또한 청년실업이 심각해지면서 일자리를 얻지 못한 청년들의 상황을 표현하는 신조어가 생겨나고 있다. 다음은 그러한 신조어를 풀이한 글이다.

히키코모리족 1970년대 일본에서는 '히키코모리^{은둔형 외톨이}'가 사회문제로 대두되었다. 은둔형 외톨이는 대인기피증을 보이면서 사회와 벽을 쌓고 방 안에서 모든 일을 해결한다. 친구도 만나고 외출도 하는 무업자와 달리 방에 틀어박혀 아예 나오지 않는 특징을 가진 사람을 말한다.

모라토리엄족 일명 지불유예족이라고도 하는데, 휴학을 하거나 일부러 F학점을 받아 대학 졸업을 미루는 사람을 말한다. 졸업을 해도 취업하기가 어렵기 때문에 영어점수 향상, 각종 공모전 등을 준비하기 위하여 졸업을 늦추는 사람을 말한다.

캥거루족 어미 캥거루가 새끼를 보호주머니에 넣어 키우는 것에 비유한 말로, 취직할 나이가 됐지만 취직하지 않거나 취직 후에도 부모에 얹혀사는 젊은 층을 말한다.

헬리콥터족 헬리콥터처럼 성인이 된 자식의 주위를 맴돌며 일일이 챙겨주는 열성 부모들을 말한다.

프리터족 일본에서는 최근 프리터족이 늘고 있어 사회문제로 대두되고 있다. 프리터족이란 프리 아르바이트를 줄인 말로, 필요한 돈이 모일 때까지만 일하고 쉽게 일자리를 떠나는 사람들을 말한다. 일본 노동성은 이들을 아르바이트나 시간제로 돈을 버는 15~34세의 노동 인구라고 정의한다.

9

'파랑새 증후군'이
늘고 있다

요즘 젊은이들 중에는 '파랑새 증후군'이 증가하고 있다고 한다. 파랑
새 증후군이란 취업을 한 지 일 년도 못 되어 그만두거나 이직을 하
는 직장인들을 말한다. 부푼 가슴으로 사회에 첫 발을 내딛는 신입사
원들 중에는 자신의 기대와는 다른 직장환경, 즉 개인의 자유가 없다
거나 상하관계의 조직성, 무의미한 업무, 업무상 자신감의 상실 등으
로 회사를 포기해 버리는 것이다.

온라인 취업사이트 '잡코리아'에서는 국내 채용 담당자 504명을 대
상으로 입사 1년 만에 회사를 그만두는 경우를 조사했다. 대기업의
경우 12%의 이직률을 보였고, 중소기업의 경우 28%에 이르렀다. 1년
만에 대기업 직원 10명 중 1명은 이직을 하고 있으며, 중소기업의 경
우는 10명 중 3명이 이직을 하는 것으로 나타났다. 대기업이든 중소

기업이든 종합해 보면 평균적으로 10명 중 2명이 이직을 하는 것이다. 이직이 가장 빈번하게 일어난 분야는 제조·생산 부분이었으며, 다음으로 영업, 기타, 서비스, 연구개발, 재무·회계 등의 순이었다.

직원들이 회사에 밝힌 이직 사유로는 적성에 맞지 않는 업무[29.6%]가 가장 많았다. 이외에도 연봉 불만족, 자기계발을 위해, 직원들 간의 불화, 계약만료 등의 의견이 있었다. 인사 담당자들은 신입사원들의 이직에 대해 인내심과 참을성이 부족하거나, 조직에 적응하지 못하는 등 개인적인 이유가 크다고 지적했다. 문제는 지금과 같이 경기상황이 좋지 않은데도 불구하고 이렇듯 이직률이 높은 것은, 직업에 대한 환상이 컸거나 구체적인 목표 없이 다급하게 직장을 구한 때문이라고 볼 수 있다.

이러한 이직 현상은 개인이나 회사에 손실이 크다. 퇴사한 개인으로서는 경력 단절이나 새로운 직업을 구해야 하는 부담이 발생하고, 회사 차원에서는 채용과정과 적응교육에 따르는 막대한 손실이 발생한다. 기업체들은 이러한 손실을 줄이고 직원들의 이직률을 낮추기 위해 노력하고 있는데, 그러한 실천을 수행하는 기업은 전체의 81.5%를 차지하고 있다. 어떠한 노력을 하고 있는지 살펴본 결과 '성과에 따른 적절한 보상'이 가장 많았다. 이밖에 '수시로 직원들과 대화', '근무환경 개선', '복리후생제도 강화', '자기계발 프로그램, 비용 지원', '적성에 맞는 업무 배정' 등이 있었다.

재미있는 것은 기업체가 적극적으로 퇴사를 말린 직원 유형으로는 '근면 성실한 유형'이 36.9%로 가장 많은 선택을 받았다. 다음으로

'업무 성과가 높은 유형', '책임감이 강한 유형', '전문성이 탁월한 유형', '위기 대처능력이 우수한 유형' 등이 뒤를 이었다. 따라서 이러한 유형의 인재가 아니라면 회사 입장에서는 손실이 발생하더라도 더 이상 붙잡지 않는다는 것이다.

한번 선택한 직장에서 신입사원 시절을 잘 이겨내면 사회에서 인정받는 사람이 될 수 있다. 이직을 선택하더라도 첫 직장을 섣불리 포기한다면 경력관리에도 마이너스 요인이 된다는 것을 명심해야 한다.

제4장

미래를 주무르면
'은퇴쇼크' 없다

●

앞으로의 사회는 누가 먼저 시장을 선점했는지에 따라 성공이 결정된
다. 사람들의 욕구는 사회의 변화속도보다 빠르고 다양하다. 이러한
욕구를 먼저 알아채고 움직이는 사람만이 성공할 수 있다. 미래를 예
측하려면 각 산업부문에서 일어나는 상황을 살펴보아야 한다. 그리고
앞으로 사회를 바꾸어놓을 트렌드를 찾아내 활용할 수 있어야 한다.

톰 피터슨은 『미래를 경영하라』라는 책을 통해 앞으로 기업의 부가
가치는 경험의 질에서 나온다고 했다. 고객에게 더 멋지고 포괄적이
면서 극적인 경험을 제공할 때 고객은 아낌없이 자신의 자원을 쏟아
기업의 시장가치를 높여준다는 것이다. 그 경험이란 기억에 남을 만
큼 강력한 것으로서 고객에게 꿈을 줄 수 있는 것이어야 한다. 이제
기업은 고객에게 멋진 경험을 주는 부분에 신경써야 한다.

오래 남을 직업을 찾아라

시대가 급변함에 따라 사회에는 많은 변동이 있다. 미래학자들은 앞으로 현재 직업의 많은 수가 없어지고, 과학과 문명의 발전에 따라 그보다 더 많은 수의 새로운 직업이 생겨나게 된다고 한다. 국가고용정보원은 우리나라 직업의 숫자를 1995년 1만여 가지에서 2000년에는 1만 2천여 가지로 증가하였다고 보고하였다. 현재는 2만 가지를 넘을 것이라고 추정하고 있다. 이 숫자는 미국이나 일본이 약 3만여 가지의 직업을 지닌 것에 비하면 턱없이 적은 숫자이므로 앞으로 우리나라에는 더 많은 직업이 탄생될 것으로 예측할 수 있다.

직업은 탄생하기만 하는 것이 아니라 사라지기도 한다. 예를 들면 과거의 버스안내원은 버스 문이 자동문으로 바뀌면서 사라지게 되었고, 굴뚝청소부는 개별난방이나 중앙난방으로 인하여 주택에 굴뚝이 없어지면서 사라지게 되었다. 반면 게임의 발달로 인하여 게임만 하는 직업인 프로게이머, 노인인구의 증가에 따른 요양보호사라는 직업 등 과거에는 없었던 직업이 생겨나고 있다.

직업 선택 시 중요한 것은 미래를 읽는 눈이다. 미래를 읽는 눈이 없다면 어떤 직업이 탄탄한지 알 수 없기 때문이다. 지금은 유망한 직업이라고 하여 열심히 준비했는데 얼마 뒤 쓸모없거나 사장길에 들어선 직업이 되는 경우가 얼마든지 있을 수 있다.

앞으로 직업의 탄생과 소멸주기는 더욱 빨라질 전망이다. 의사나 변호사와 같은 전통적인 직업은 100년 이상의 역사를 가지기도 했지만, 요즘에는 30년은 고사하고 몇 년 만에 변화되거나 사라지는 직업이 등장하기도 한다. 예를 들어 70년대에는 전파사라고 해서 가전제품을 수리하는 업소가 있었지만 지금은 A/S센터가 생겨서 불과 30년 만에 사라진 업종이 되었다. 또 예전에는 교육과정 중에 교련이라는 과목이 있어 교련 담당 선생님이 있었지만 20년도 채 안 되어 과목이 폐지되어 교련 과목 교사들은 설자리가 없어졌다.

이렇듯 20~30년 이상 유지된 직업들은 요즘에 비하면 전통적인 직업에 속한다. 요즘 새로 생겨나는 직업은 3~4년 만에 사라지는 경우도 많으며, 심지어는 3개월 주기로 변화하기도 한다. 예를 들면 최근 새로 개발된 핸드폰의 경우 3개월 주기로 신제품이 나오기 때문에 3개월만 지나면 과거의 제품을 팔던 사람이나 수리할 수 있는 능력을 가진 사람은 다른 직업을 찾아야 한다.

MS^{마이크로 소프트}회사의 빌 게이트 명예회장이 회장으로 재임 시 매년 초 그해에 나올 MS사의 신제품을 미리 발표할 때 전 세계의 컴퓨터 제조회사는 물론 부품회사, 소프트웨어 회사의 CEO와 연구진들은 촉각을 곤두세웠다. MS에서 만든 윈도우가 어떻게 바뀌느냐에 따라 회사 성패의 운명이 달려 있기 때문이다. 이처럼 MS는 컴퓨터 업계에 새로운 시장을 형성하는 주체였다.

이러한 상황에서 대학에서 배우는 지식은 과거의 지식이 되어버리는 경우가 많다. 결국 사회의 변화를 따라잡지 못하는 학교 교육은 졸업과 동시에 의미를 잃기도 한다. 이것은 변화하는 환경에 맞추어서 자신의 경력이나 능력을 함양시켜야만 앞으로의 직업시장에서 생존할 수 있다는 것을 의미하는 것이기도 하다.

이제 3개월 단위로 신제품이 출하되면서 세상의 빠른 변화를 예고하듯이 앞으로 기술이나 제도의 변화는 더욱 빨리 전개될 것이다. 미래 시장에서 직업을 오랫동안 유지하기 위해서는 어떤 직업이든지 간에 지금까지의 지식만으로 평생 근무하려는 생각을 버리고 세상의 변화에 능동적으로 대처해야 한다. 그러기 위해서는 자신의 경험을 바탕으로 새로운 세상이 요구하는 기술을 습득하고 변화에 대처해야 할 것이다.

2

평생직장 'NO'
평생직업 'OK'

평생직장이라는 것은 한번 입사하면 정년까지 근무할 수 있는 직장을 의미한다. 근대사회에서는 평생직장의 의미가 강해 한번 취업하면 정년을 맞을 때까지 한 회사에서 근무하고 퇴직하는 것이 직장의 개념이었다. 그러나 시대의 변화는 이러한 평생직장의 의미를 상실하게 만들었다. 더욱이 수명의 연장으로 인하여 평생직장의 의미도 상실되었다. 10년 전의 평균수명은 65세 정도였기 때문에 60세까지 일할 수 있는 직장은 평생직장의 의미를 가지고 있었다. 그러나 현재는 평균수명이 80세를 넘고 있으며, 앞으로 10년 후에는 평균수명이 90세를 넘을 것으로 예측하고 있다. 뿐만 아니라 앞으로 장기를 이식할 수 있는 기술이 보편화되면 사람의 수명은 100세를 넘어 150세까지도 가능하다는 의학 전문가들의 보고가 있다. 따라서 아무리 정년이 보장되는 회사라고 해도 공무원을 제외하고는 60세를 넘기면 결국 사회로 환원되어야 하기 때문에 평생직장이라고 보기는 어렵다.

한국처럼 평생직장이라는 개념이 강하지 않은 미국에서는 일생 동안 직장을 7~8번 정도 옮기는 것으로 나타났다. 반면에 우리나라는 한번 입사하게 되면 그 직장을 평생직장으로 생각하는 성향이 강하기 때문에 일생 동안 직장을 평균 3~4번 정도 옮긴다고 한다.

우리나라 사람들이 가장 취업하고 싶은 최고의 기업 S사의 평균 근속률_{전 직원이 입사해서 퇴직할 때까지의 평균기간}을 따져보니 7.5년을 넘지 않는다는 통계가 나왔다. 이러한 평균 근속률은 고학력자가 저학력자보다 짧고, 사무직이 생산직보다 짧은 것으로 나타났다. 말하자면 학력이 높은 사람이나 전문직에 종사하는 사람일수록 근무 기간이 더 짧은 것이다. 한편 재정경제부가 발간한 OECD 한국경제보고서에 따르면 우리나라 정규직 근로자들의 동일 직장 평균 근속연수는 5.7년 정도라고 한다. 이에 비하면 S사의 평균 근속률이 더 높은 편이라 할 수 있지만 최고의 기업임에도 불구하고 평생토록 한 직장만 근무하는 사람이 많지 않다는 사실을 알 수 있다.

우리나라도 이제 서구 선진국처럼 평생직장의 개념에서 벗어나게 되었기 때문에 점점 직장을 옮기는 사람들이 늘어날 것으로 예측할 수 있다. 따라서 평생직장을 기대하기보다는 평생직업 쪽에 관심을 가져야 한다. 평생직업이란 평생 종사할 수 있는 직업을 말한다. 평생직장이 한 직장에 오래 다니는 것이라면, 평생직업은 한 가지 직업으로 평생 일할 수 있는 것이기 때문에 정년이 없는 '평생직장'이라고 볼 수 있다. 따라서 직장을 옮긴다 해도 자기 자신이 가진 특별한 업무 능력을 지속적으로 발휘할 수 있다.

미래 사회에 요구되는 평생직업인은 평생학습을 생활화하면서 관련 업무에 관한 자신만의 노하우나 지적 재산이 풍부하고 창의성을 가진 사람일 것이다. 여기에 성별, 외모, 나이의 차별은 무의미하다. 요즘 구직자들은 당장 편한 직장이나 오래 다닐 수 있는 직장을 원하지만 현실적으로 그런 직장은 세상에 존재하지 않는다. 결국 우리는 평생직업이 강조되는 시대에 살게 될 것이며, 그에 따라 직업 능력을 강화하기 위한 평생학습 및 직업능력 개발의 필요성도 점점 높아질 것이다.

3

과학기술 문명이
전문직종까지 잠식한다

단순노동을 간단노동이라고도 하는데, 평균적으로 특정한 훈련이나 교육을 받지 않고 할 수 있는 기계적인 육체노동을 말한다. 전문적 기술이나 지식 없이도 할 수 있는, 즉 물건을 나르거나 부품을 조립하거나 계산하는 일 등이 여기에 속한다. 그러나 기계의 발달과 사무 자동화로 인하여 단순노동은 점차 사라지는 직업이 되고 있다. 기차 역의 검표원이 자동화로 인해 사라졌고, 공장에서 물건을 나르던 인부들도 사라지게 되었다. 회사 내에서 문서를 전달하던 일도 이메일이 생기면서 할 필요가 없어졌으며, 가정에서는 다양한 가전제품들이 개발되어 주부의 일손을 덜어준다. 보일러가 개발되면서 아궁이에 장작을 넣어 불을 지피거나 연탄을 갈아야 하는 노동이 사라졌으며, 전자동 세탁기의 출현으로 손빨래를 할 필요가 없어졌다.

앞으로는 단순노동뿐만 아니라 웬만한 전문노동도 대치될 것이다. 사람이 직접 운전을 하지 않아도 자동으로 목적지까지 데려다주는 자동차가 개발되어 출시를 앞두고 있다. 최고의 전문직업으로 여겨왔던 의사도 그 영역에 포함된다. 먼 거리에서 컴퓨터로 수술할 수 있는 장비가 만들어져 의사가 직접 수술할 필요가 없는 세상이 기다리고 있다. 이러한 변화는 사회의 발전에 따라 가속도가 붙고 있다.

이처럼 기술이 급속하게 발전하는 추세를 감안할 때, 현재 가장 유망한 직업을 선택했다고 해도 그 생명력이 오래 지속될 수 없을 것이다. 반면 아무리 과학 기술이 발달된다고 해도 기계문명이 해결할 수 없는 예술, 인문 분야는 양상이 다르다. 물론 미래 사회에 맞는 새로운 예술 양식은 생겨나겠지만 인간의 정신에 관여하는 이 분야는 문명의 속도로부터 비교적 자유롭다. 더욱이 현대인들은 빠르게 변화하는 흐름으로부터 정신적 안식을 찾기 위해 여가시간에 예술과 교양을 즐기게 될 것이다.

앞으로 사회에서 필요로 하는 인적자원이 되기 위해서는 지금부터 사회의 변화를 예측하여 고도의 전문성을 가진 직업을 선택해야 한다. 사회적 성공의 잣대도 크게 변하여, 고도의 전문성을 갖춘 사람이 성공할 것이며, 세상으로부터 우대받을 것이다.

4

사이버 공간이 업종의
지각변동을 일으킨다

인터넷이 출현하기 전까지 모든 일들은 현실 공간에서 이루어졌다. 특히 물건을 사고파는 일이나 교육, 예술은 실제의 시공간에서만 가능하다고 생각하였다. 그러나 인터넷의 발달은 우리가 상상하지 못했던 수많은 일들을 사이버 공간에서 할 수 있도록 제공하고 있다. 인터넷 쇼핑몰을 통해 물건을 매매할 수 있고, 사이버대학교가 생겨나 인터넷 영상 강의가 진행되고 있으며, 음악이나 미술도 사이버 공간을 타고 진화되고 있다.

이렇듯 인터넷 공간이 다양한 분야에서 중요한 통로와 매개로 작용함에 따라 그에 수반되는 인터넷 관련 신종 직업들이 생겨나고 있다. 인터넷 게임만 해도 프로게이머를 비롯하여 게임 시나리오 작가, 게임 그래픽 전문가, 게임 음향기술자 등이 속출하였다. 또한 평범했던 사람이 블로그를 통해 자기만의 특별한 지식을 가진 전문가로 활동하기도 한다.

이러한 변화는 기업 운영자들의 전통적인 운영관을 변화시켰다. 물건을 구매하는 소비자들은 꼭 실제품을 확인하는 습성이 있다고 믿고 기업들은 인터넷 쇼핑몰 시장 진입에 소극적이었으나, 이제는 쇼핑몰 시장에 참여하지 않은 기업이 없을 정도가 되었다. 뿐만 아니라 남들의 정보를 찾게 해주는 검색도구 하나만을 가지고 우리나라 최고의 코스닥 황제주가 된 기업도 있다. 강의자와 수강자가 한 공간에서 얼굴을 마주해야 한다고 생각하던 교육 부문 시장에서도 변화의 바람을 받아들였다. 사이버 공간을 활용한 원격강의를 내보내는 회사가 등장하고 사이버대학도 탄생하여 교육의 시스템이 탈바꿈되고 있다.

첨단과학과 밀접한 의학 분야, 특히 의사가 집도해 왔던 수술 부분에도 새로운 컴퓨터 공학기술이 도입되고 있다. 수술로봇을 통해 원격으로 진단하고 수술할 수 있는 세상이 된 것이다. 전통적으로 종이책은 영원히 대치될 수 없다고 생각하던 출판업계에도 e-book이라는 전자출판이 점차 활성화되고 있다. 이뿐만 아니라 우리가 미처 알고 있지 못하는 분야에서 사이버 공간을 활용한 기업 활동이 증대하고 있다.

인터넷의 발달은 점차 시간과 공간의 제약을 줄여주고 있다. 결국 이러한 사이버 시장의 확대는 사이버 관련 직업이 더욱 많이 출현할 것을 예고하고 있으며, 사이버 공간으로 인한 직장인 직업이나 재택근무가 가능한 직업들이 많아질 것이다.

5

실버산업으로 아우르는
'은퇴쇼크'

인간의 수명 연장은 사회를 급속하게 노령사회로 몰아가고 있다. 현재 평균수명은 80세를 넘어섰고, 앞으로는 더욱 길어질 것이다. 또 현재 65세 이상의 인구가 10%를 넘어섰지만 앞으로 노령인구는 더욱 증가해 나갈 것이다. 문제는 자신의 생명을 건강하게 연장하고자 하는 노령자들의 관심이다. 건강한 노후에 대한 관심이 높아지는 상황에서 이러한 욕구를 충족시킬 수 있는 새로운 업종은 앞으로 각광을 받게 될 것이다.

이미 고령화 사회에 대한 준비가 여러 다양한 분야에서 진행되고 있으며 사회 각 부분에서도 이에 관련된 사업들이 활발히 진행 중에 있다. 그중 실버산업^{'실버'라는 단어는 노인이라는 말의 부정적 이미지를 없애기 위해 판매자가 고안해낸 이름이다}이 2010년부터 앞으로 10년간 '황금알을 낳는 업종'으로 자리매

김될 전망이다. 이 기간 동안 국내 실버산업의 연평균 성장률은 전체 산업 성장률의 3배에 가까운 초고속 성장이 예상된다. 선진국에서도 고령인구의 급증 및 공사연금제도의 확충으로 인한 고령자 경제력의 인구비율 증가, 고령자 간호 등 유료서비스 이용 인구 증가, 공공기관의 고령자 대책 서비스가 실버산업으로 위탁 되는 등 실버산업의 수요가 급증하고 있다.

: 실버산업 연평균 성장률 전망(2010~2020년)　　　　　　　　(단위 : %)

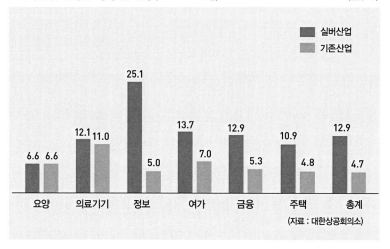

(자료 : 대한상공회의소)

대한상공회의소가 발표한 '국내 실버산업의 성장성 전망' 보고서에 따르면 한국은 6·25전쟁 이후 태어난 베이비 붐 세대가 노인 세대가 되면서 2010~2020년 고령 친화산업의 성장률이 연평균 12.9%에 이를 것으로 전망됐다. 같은 기간 중 14개 부문 기존 산업의 전체 성장률은 4.7%에 그칠 것으로 예상됐다. 특히 실버산업에 속하는 의료기기$^{12.1\%}$, 정보$^{25.1\%}$, 여가$^{13.7\%}$, 금융$^{12.9\%}$, 주택$^{10.9\%}$ 등은 기존 산업의 성장률을 훨씬 웃돌 것으로 점쳐졌다.

보고서는 "65세 이상의 고령자 비중이 10%, 1인당 국민소득이 2만 달러에 이를 것으로 예상되며 실버산업의 구매력이 매년 증가하고 있다."고 강조했다. 특히 미국은 2015년, 일본은 2016년부터 베이비 붐 세대를 겨냥한 실버산업이 크게 성장할 전망이며, 한국은 베이비 붐 세대가 70세에 접어드는 2025년부터 또 다른 실버산업의 기폭제가 될 것으로 예상됐다.

실버산업의 유형에는 ① 홈케어 서비스$^{home\ care\ service}$ 사업, ② 중간 보호시설 및 1일 탁노소 사업, ③ 유료의 양로 및 요양시설, ④ 노인 전용의 의료서비스 산업, ⑤ 케어하우징$^{care\ housing}$의 절차운영 사업, ⑥ 노인을 대상으로 하는 관광·취미·오락 프로그램을 제공하는 사업, ⑦ 노인식품, 노인의복, 노인용 생활용품의 제조·판매사업이 있다. 그 외에도 노인이 소유하고 있는 주택 등 부동산을 담보로 종신 생계비·의료비를 지급해 주는 금융업, 노인 전용식당, 노인만을 대상으로 하는 재활센터 등이 있다.

미국에는 홈케어 대행업소가 수익자 부담으로 되어 있으며, 고령 후기의 노인을 대상으로 일상생활을 도와주는 노인생활조력센터$^{aging\ network\ service\ center}$가 지역단위로 있다. 또한 자녀의 주택 바로 옆에 조립식 집을 지어 자녀와 따로 생활하면서도 동거할 때와 같은 보살핌을 받을 수 있는 ECHO$^{Elder\ Cottage\ Housing\ Opportunity}$ 시스템이 마련되어 있다. 한국에서도 경제가 발전하고 고령화된 인구가 많아지면서 이러한 요구가 높아지고 있지만 아직 실버산업이 본격화되지 못하고 있다.

실버산업 관련 전문직업으로는 노인 주거시설 경영관리자, 노인 요양서비스 관리자, 노인 스포츠 지도사, 노인 여가 지도사, 노인 상담사, 노인용품 컨설턴트, 노인시설 감리사, 노인용품 기능사, 원격케어사, 노인 자산 매니저, 노인 관광가이드, 노인 방송 아나운서, 실버시터 등 다양한 직업이 있다.

실버산업

주거산업 노인전용 주거시설, 실버타운, 은퇴자 마을 등

요양산업 요양시설, 재가 서비스기관, 노인 병원 등

용품 실버용품 개발 및 유통

금융자산 관리 금융기관, 건축, 도시개발 등

여가문화 산업 노인 대학, 노인 상담소, 노인 문화센터, 노인 스포츠센터, 노인 복지관, 노인 방송국, 노인 여행사 등

6

웰빙과 로하스에
눈을 돌려라

웰빙이란 일반적으로 전체 국민소득 수준이 선진국의 수준인 2만 불 이상인 국가에서 발전되고 있는 산업이다. 단순히 잘 먹고 잘 살자는 차원을 넘어 정신적인 평온과 안정을 추구하는 고급 라이프스타일이다. 앞으로 노인들의 건강한 삶에 대한 욕구를 충족시킬 수 있는 분야로, 건강하게 오래 사는 것에 대한 관심은 더욱 증가되고 있기 때문에 유망한 분야라 할 수 있다. 더욱이 먹고 사는 문제가 해결되고 생활의 여유가 생기면 사람들은 마음까지 건강한 삶에 관심을 가지게 된다.

우리 사회가 불경기인 중에도 웰빙Well-bing에 관련된 사업들이 호황을 맞고 있는 것처럼 앞으로도 건강과 웰빙에 관련된 레저 스포츠, 건강, 예술, 문화, 외식업 분야 산업의 수요가 증가할 것이다. 웰빙의 기세는 웰빙 의류, 웰빙 체조, 웰빙 주택, 웰빙 수면법 등 의식주 전반으로 확장되고 있다. 소득 수준이 높아짐에 따라 건전하고 건강한 삶을 위한 소비 방안을 모색하는 경향은 우리보다 앞서 선진국에서 관찰되는 일반적인 현상이다.

이제는 웰빙을 넘어서 로하스LOHAS의 시대를 준비해야 한다. 웰빙의 원조라 할 수 있는 로하스Lifestyle Of Health And Sustainability는 건강과 환경이 결합된 소비자들의 생활패턴을 의미하며, 건강과 환경을 진지하게 생각하는 라이프스타일을 의미한다. 자신의 건강뿐만 아니라 후대에 물려줄 지속가능한 소비 기반을 대비한 소비패턴이라 할 수 있다. 건강한 생활패턴에 관심을 둔다는 점에서 로하스는 웰빙과 유사하지만 보다 포괄적이며 고급의 생활을 지향하는 것이라 할 수 있다. 로하스에 대한 전문 시장조사 기관인 내추럴 비즈니스 커뮤니케이션이 2000년에 미국 내 실제 가구들을 대상으로 조사한 바에 따르면, 이미 미국 전체 인구의 30%는 건강과 환경제품을 광범위하게 사용하는 집단이라고 발표했다.

로하스를 지향하는 소비집단은 환경보호에 적극적이기 때문에 친환경적인 제품을 선택한다. 또한 지구환경에 미칠 영향을 고려하기 때문에 재생원료를 사용한 제품을 구매한다. 환경이나 지속가능성을 고려하여 제조된 상품에는 20%의 추가비용을 지불할 용의도 지니고 있다. 이들은 로하스 소비자의 가치를 공유하는 기업의 제품을 선호하기 때문에 기업들은 그들의 취향에 맞게 친환경 제품이나 유기농 제품에 관심을 가지고 상품을 공급하고 있다. 이처럼 건강, 환경, 사회

정의, 자기발전과 지속가능한 삶에 가치를 두는 라이프스타일을 추구하는 사람들이 증가함에 따라 그 시장은 더욱 확대될 전망이다.

　로하스 시장에 진입하기 위해서는 로하스 시장의 성격과 특징을 고려해야 한다. 우선 웰빙과 로하스 시장에서는 식품, 패션, 의류, 피부관리, 향, 스파 등 건강 관련 상품에 다양한 관심을 보이는 인구가 늘어나고 있다. 최근에는 건강, 인테리어, 뷰티산업이 이쪽 분야 산업으로 재편되는 움직임까지 포착되고 있다. 또한 여행과 레저를 통해 자연 속에서 여가를 즐기려는 관심이 높아짐에 따라 웰빙은 완전한 라이프스타일의 하나로 자리 잡았다.

7

세계의 미래를 이끌 녹색산업

세계 곳곳에서 지구온난화로 인한 이상기후 현상들이 발생하고 있다. 이에 따라 세계 모든 나라는 탄소를 줄이는 것이 지구를 살리는 길이라는 공감대를 형성하고, 세계적 차원에서 관련 정책을 추진하고 있다. 그러한 결과 세계 각국은 녹색산업에 무게중심을 두고 추진하고 있으며, 우리나라 역시 정부 차원에서 중점적으로 시행하고 있다.

녹색산업은 지구오염을 방지하고 환경을 보호할 수 있는 산업으로, 일명 저탄소 녹색 성장산업이라 한다. 현재 세계 여러 국가에서 적극적으로 녹색산업을 펼치고 있다. 일본은 태양광 발전 등 21개 핵심 녹색기술 개발에 관한 '쿨 어스Cool Earth' 계획을 발표했고, 영국은 2020년까지 약 200조 원을 투자하여 신재생에너지 산업을 육성하는 '그린혁명계획'을 실시하고 있다. 미국은 늦은 편이긴 하지만 오바마 대통령이 당선되면서 향후 10년간 1500억 달러가 투입되는 '뉴 아폴로 프로젝트New Apollo Project'라는 강력한 녹색산업 육성책이 시작되었다. 유럽 선진국들도 나름대로 녹색산업 시장을 선점을 하기 위해 풍력 발전과 지열 발전을 국가의 기반산업으로 추진하고 있다.

정부의 정책 방향과 세계의 성장 동력 방향이 녹색산업에 집중되는 경향에 따라 국내의 모든 산업분야에서도 사용 에너지와 탄소 배출을 줄이는 데 노력을 기울이고 있다. 사용 에너지와 탄소 배출을 줄이기 위하여 관련 산업과 상품 생산의 효율성을 높임으로써 공해 요소를 줄여가고 있다. 또한 기존에 폐기물로 여기던 자원을 재활용하는 산업 분야도 녹색산업의 범위에 속한다. 녹색산업의 분야와 종류를 살펴보자.

분야	종류
저탄소 배출 산업	하이브리드자동차, 전기자동차, 수소연료자동차
신재생에너지 산업	태양광 산업, 해상풍력 산업, 축산폐기물, 조력발전
친환경 부품 산업	광기술 기반 소재산업, 친환경자동차, 항공기의 경량화 소재 산업
녹색서비스 산업	녹색관광, 친환경 지식서비스 산업인 컨설팅이나 특허 등의 지적재산권 관련 산업, 환경 관련 교육서비스 산업, 고효율 저탄소 산업시설 설비
자원 재활용 산업	플라스틱이나 비닐 등에 대한 자원 재활용기술, 서비스 관련 산업
고효율 장비 산업	LED 관련 산업, 고효율 유리창 관련 산업
장치 관련 산업	열효율 증가 관련 산업, 에너지효율 관련 산업

최근 우리나라에서는 탄소배출을 줄일 수 있는 하이브리드 자동차 관련 산업과 LED발광다이오드 관련 산업에 대한 관심 증가와 연구력을 집중하고 있다.

'라이프 코치'를
잡아라

'라이프 코치^{Life coach}'는 원래 20년 전 미국의 보험설계사들이 고객을 대상으로 재정적 문제뿐만 아니라 개인적인 고민까지 코칭해 주면서 시작된 직업이다. 요즘 라이프 코치라는 직업은 경영학 리더십의 한 분야로 자리 잡고 있다.

오래된 라이프 코치의 역사를 가진 미국 및 유럽 선진국에서는 이미 라이프 코치가 보편적 직업으로 자리를 잡았으며, 대중적으로도 인지도가 높아지고 있다. 더욱이 라이프 코치는 사회가 발전할수록 인기를 끄는 신종 직업이라는 인식이 확산되면서 이 일을 직업으로 삼으려는 사람들이 점차 늘고 있다.

우리나라에서는 라이프 코치라는 말이 알려지기 전에 보험설계사들이 라이프 플래너라는 이름을 사용하였기 때문에 일각에서는 라이프 코치를 라이프 플래너로 이해하는 경우가 많다. 그러나 라이프 플래너와 라이프 코치는 엄연히 다르다. 우선 라이프 플래너는 고객의 재정적인 문제를 설계해 주는 데 한정된 의미로 쓰이지만, 라이프 코치는 개인의 인생 전반에 걸쳐 모든 부분들을 대상으로 한다. 물론 라이프 코치는 아직까지 정확한 개념 정의나 직무 분석이 이루어지지 않아서 이 분야에서 활동하고 있는 개인이나 단체에 따라 받아들이는 개념에 조금은 차이가 있다.

한국라이프코치연합회에서는 라이프 코치란 개인의 잠재능력을 발견하여 신속 정확하게 개인의 삶에서 일어날 수 있는 문제를 해결하거나 목표를 달성할 수 있도록 돕는 전문적인 촉진자를 의미한다고 말한다. 간단히 말하자면 개인의 삶에서 생기는 모든 욕구를 해결해 주는 전문가를 라이프 코치라고 한다. 이때 한 사람이 모든 문제를 해결하는 전문가가 되기 어렵기 때문에 자신의 전문성을 바탕으로 라이프 코치도 세분화되고 있다.

코칭에 대한 정의는 코치의 종류와 시각에 따라 다양하게 정의될 수 있다. 코칭이라고 하면 대부분이 스포츠 팀의 코치 역할을 연상하기 쉽다. 스포츠 분야에서 의미하는 코칭이란 경기에서 선수나 팀의 능력이 최고로 발휘될 수 있도록 도와주는 전문가가 연습과 시합의 전개를 지도하는 것을 말한다. 코치는 선수와 팀이 원하는 목표를 달성하도록 도와주는 역할을 수행하며, 함께 성공의 기쁨을 나누는 역할을 수행한다.

코칭은 점차 스포츠뿐만 아니라 비즈니스, 라이프, 커리어 등 우리

일상에서 흔히 접할 수 있게 되었다. 코칭의 정확한 의미는 일반적으로 대상의 내부에 잠재되어 있는 능력을 끌어내 좋은 성과를 올리게 하는 행위^{코칭}로서, 그러한 전문적인 교육을 받은 사람을 코치^{Coach}라고 한다. 여기서는 코티^{Coty}라고 조작적으로 정의하였으며 이후 통일된 용어로 사용하였다.

예전에는 정보에 대한 가치를 지불하는 것에 인색했다. 누군가로부터 조언을 구하고 비용을 지불하는 것을 쓸데없는 일로 치부하고 그 비용을 아까워했지만 지금은 시대가 바뀌었다.

학습 코치

매스컴에서 부각되고 있는 코치와 관련된 직업은 바로 공부 방법을 지도하는 학습 코치가 있다. 학습 코치는 학습 매니저, 학습 상담사, 학습 컨설턴트 등으로 불리는 직업이다. 이러한 직업은 요즘 새롭게 만들어진 직업으로 학교 교육과 학원 교육으로는 학습목표에 도달하지 못한 학생들을 대상으로 학생들이 공부할 때 느끼는 문제와 자기주도적인 공부습관을 길러주도록 상담하고 지도해 주는 전문가를 말한다. 대졸 정도의 학력이라면 공부 방법만 알면 쉽게 접근할 수 있는 직업이다.

창업 코치

창업을 도와주는 유망 직업으로 창업 코치가 있다. 누구나 여유 있는 자본을 갖게 되면 자기 사업을 하고자 한다. 경기가 침체되는 시점에서 누가 창업하느냐고 말할지 모르지만 실제로 최악의 경기상황 속에서도 우리나라의 사업자 수는 점점 늘어나고 있다.

창업 코치는 창업 컨설턴트라고도 하는데, 창업에 관한 전문적 지식을 갖고 있다는 점에서는 같다. 하지만 창업 코치는 본인이 직접 창업을 하는 것이 아니라 다른 사람들이 창업에 성공하도록 돕는 일을 한다. 이제 창업을 하고자 하는 사람들도 아이템만 가지고 무턱대고 창업을 하기보다는 가맹법, 부동산법, 상권 등을 통해 미래 시장을 분석하여 돕는 전문가를 찾고 있다.

마케팅 코치

마케팅 코치는 기존에 홍보와 광고 대행을 전담하던 직종이라 할 수 있다. 사업에는 필연적으로 홍보가 뒤따르기 마련인데 기존의 방식으로 광고를 해서는 비용대비 효과를 보기가 어렵다. 따라서 무언가 특별하고 효과 있는 홍보를 위한 마케팅 코치의 도움이 점점 요구되고 있다.

커리어 코치

인적자원 관리에 어느 정도 전문성을 가지고 있는 기업에서는 자체적으로 커리어 개발 프로그램을 구성하여 직원들의 커리어 개발과 관리를 하고 있다. 그러나 사회 경험이 부족한 개인들은 스스로 커리어를 개발하고 관리하는 일이 쉽지 않다. 이때 필요한 전문가가 커리어 코치다. 커리어 코치는 개인의 경력을 개발하고 관리해 주는 일을 담당하는데, 이러한 과정을 커리어 코칭이라 한다. 커리어 코치는 한 개인의 성공적인 진로를 좌우하는 매우 중요하고 의미 있는 직업이라 할 수 있다.

커리어 코치는 앞으로 시장이 계속 커질 수 있는 미개척 분야이기 때문에 최근 들어 커리어 코치가 되고자 하는 사람들이 많아지고 있다. 현업에 대한 경험과 지식을 쌓아 수행하는 헤드헌팅 등 HR 분야의 노하우를 쌓는다면 미래의 전문가로 성장해 나갈 수 있는 유망한 직업이다.

요즘에는 이외에도 건강에 대한 관심이 높아지면서 다이어트 코치^{다이어트를 관리해 주는 전문가}, 스트레스 코치^{스트레스를 관리해 주는 전문가}, 이어 코치^{귀를 관리함으로써 신체를 편안하게 해주고 건강을 도와주는 전문가}, 의료관광 코치^{국내 병원에서 진료 및 치료 서비스를 받고자 하는 외국인 환자를 위해 의료 서비스와 관광을 연계한 프로그램을 기획하고 진행하는 전문가}, 편식 코치^{아동의 편식을 진단하고 치유를 도와주는 전문가}, 헬스힐링 코치^{개인의 건강을 제3의학으로 치유해 주는 전문가} 등이 주목을 받고 있다.

이러한 새로운 직업은 사회의 발달에 따라 더욱 다양화해지고 전문화, 세분화될 것으로 예측된다. 뿐만 아니라 코치는 시간이 지날수록 경력이 높아지기 때문에 나이가 들수록 실력을 인정받을 수 있는 직업이기도 하다.

9

레드오션이냐,
블루오션이냐

블루오션이란 1990년대 중반, 프랑스 유럽경영대학원의 김위찬 교수와 르네 모보르뉴Renee Mauborgne 교수가 가치혁신value innovation 이론과 함께 제창한 기업경영 전략론이다. 이러한 이론을 담은 책 『블루오션 전략』이 출간되자, 26개 언어로 세계 100여 개국에서 번역 출간되면서 세계적인 베스트셀러로 주목을 받았다. 한국에서는 삼성전자와 LG그룹이 블루오션 전략을 경영전략으로 도입할 것을 선언하면서 정재계 지도자들의 필독서가 되었다.

푸른 바다를 뜻하는 블루오션이란 레드오션에 대립되는 개념으로, 경쟁자들이 없는 시장을 의미한다. 즉 블루오션이란 지금까지 존재하지 않았던 산업, 미개척 시장 공간을 말한다. 레드오션은 현존하는 산업, 세상에 이미 알려진 시장에서 여러 경쟁사가 치열한 경쟁을 벌이는 시장 공간을 말한다.

블루오션 전략의 취지는 성장의 한계에 봉착한 시장을 버리고 경쟁자가 존재하지 않는 새로운 시장을 개척하여 성장을 꾀한다는 것이다. 따라서 기업이 더 많은 가치를 창출하기 위해서는 레드오션에 진입할 것이 아니라, 경쟁이 없는 새로운 시장, 즉 블루오션을 창출해야 한다.

블루오션을 창출하기 위해서는 우선 발상의 전환이 필요하다. 고객이 예상할 수 없는 전혀 새로운 시장을 찾아야 하기 때문이다. 따라서 창의적인 것이 아니면 블루오션 시장으로서 가치를 가질 수 없다.

직업 분야에도 블루오션 전략은 적용된다. 이미 포화된 직업시장에 진입하게 되면 기존 시장의 가치를 나누어 가질 수밖에 없다. 예를 들어 지구상의 직업의 가치가 전체적으로 50억 원이라면, 또 나와 같은 직업에 종사하는 사람이 50억 명이라면, 나의 가치는 50억 원/50억 명이므로 1원의 가치밖에 없다. 하지만 나만이 종사하는 직업이라면 50억 원의 가치를 갖게 된다. 즉 남들이 하지 않는 직업을 찾아서 일을 한다면 지구상의 가치는 전부 나의 것이 되는 것이다. 문제는 지금까지 없었던 새로운 직업이기 때문에 남들에게 전혀 알려져 있지 않다는 것, 즉 시장에 진입하기까지 시간이 걸린다는 점이다. 때로 시장의 수요에 맞아떨어지는 새로운 직업일 경우 기다렸다는 듯이 선풍적인 반응을 얻기도 하지만, 다수의 인정을 받는 데 시간이 오래 걸리는 경우에는 사장되기도 한다.

몇 년 전 아동 요리 지도자라는 새로운 직업이 생겨났는데, 당시만 해도 아동에게 요리를 왜 가르칠까 하는 의구심으로 직업적 가치가 인정받지 못했다. 지금은 어느 문화센터를 가도 아동 요리 프로그램이 없는 곳이 없다. 아동 요리 지도자는 불과 5년 사이에 취업률이 가장 높은 직업 중의 하나가 된 것이다. 처음에 이 직업을 선택한 사람들이 벌어들였던 수입에 비하면 최근에 시작한 사람들은 수입이 적은 편이지만 아직도 아동 교육시장에서 중요한 테마로 등장하고 있다. 이처럼 새로운 직업은 시장에 진입하기 어렵지만 일단 진입하기만 하면 먼저 시작할수록 커다란 이익과 명성을 가질 수 있다는 장점이 있다.

10

창의적인 직업이
'부'를 생산한다

엘빈 토플러의 『제3의 물결』이란 책을 보면 사회는 크게 세 번의 혁명을 맞으면서 발전하였다. 제1의 물결은 농업 혁명이고, 제2의 물결은 산업 혁명, 제3의 물결은 지식정보화 혁명이라는 것이다. 그는 농업 혁명 시기는 땅을 많이 가진 사람이 부를 차지하고, 땅을 갖지 못한 사람은 노예가 되는 시대라 했다. 또 산업 혁명 시기는 공장과 자본을 많이 가진 사람이 부자가 되고, 그렇지 못한 사람은 노동자가 되는 시대라 했다. 지식정보화 혁명 시기에는 지식을 많이 가진 사람이 부를 갖는다고 하였다.

2000년 전까지는 대학을 나오지 않아도 열심히 노력하면 성공할 수 있었다. 이제는 대학을 나오지 않으면 취직 자체가 어렵기 때문에 성공할 수 있는 확률은 점점 적어진다. 우리의 사회는 점점 고학력 사회로 들어서게 되었고, 이제 대학 진학률 85%의 국가가 되었다. 문제는 일정한 지식을 가진 사람이 너무 많아져 대학을 나왔어도 성공하기는커녕 취업도 못하는 경우가 발생한다는 것이다. 이러한 문제는 많은 사람이 고급 지식을 지니게 되어 지식의 차별이 적어졌음을 의미한다.

시대의 변화는 기업활동에도 변화를 주었다. 산업 혁명 사회에서는 대량생산만 하면 돈을 벌 수 있었기 때문에 공장을 지어 한 가지 모델의 상품을 만들어내기만 해도 모두 판매할 수 있었다. 그러나 정보화 사회로 전환되면서 사람들의 욕구는 다양해졌고, 이에 따라 다양한 모델을 요구하게 되었다. 결국 소비자들의 다양한 욕구를 해결하기 위해서는 지속적으로 새로운 상품을 개발하지 않으면 도태되는 상황에 봉착했다.

새로운 상품을 개발하기 위해서는 전문적인 지식이 필요하다. 하지만 이제는 전문적인 지식만으로는 부족한 시대가 되었다. 시대가 변화하면서 새로운 사회 변화가 요구되는 시기에 도달한 것이다. 그것이 바로 엘빈 토플러가 말하는 제4의 물결 또는 제4의 혁명인 것이다. 그는 앞으로 다가올 제4의 혁명기를 '꿈의 혁명시대'라고 표현하고 있다. 꿈의 혁명시대란 한마디로 꿈꾸기만 하면 다음 날 이루어지는 사회를 의미한다. 꿈의 혁명시대를 이끄는 사회의 주역은 바로 창의성을 가진 사람들이다.

창의성은 선천적으로 타고난 것이 아니라 다양한 경험을 바탕으로 만들어지는 것이다. 이제는 기존의 지식들을 융합하여 새로운 것으로 만들어내는 창의성이 필요하다. 창의력을 높이기 위해서는 학교에서 공부만 해서 되는 것이 아니며, 다양한 사회활동이나 봉사활동, 외국연수 등 새로운 환경을 경험하는 것이 필요하다.

　종합해 보면, 지금처럼 대학에서 지식만을 배워서 취업을 한다면 일자리는 가질 수 있지만 급변하는 세상에서 오랫동안 자기의 자리를 유지하기는 어렵다. 따라서 남들이 다 가지고 있는 지식을 가지고 취업하기보다는 창의성을 필요로 하는 직업을 선택하는 편이 나을 수 있다. 자기만의 독창적인 일을 가지고 있으면 사회에 변화의 바람이 닥쳐도 흔들림 없이 자리를 지킬 수 있다. 지금은 지식의 양을 채우기보다는 창의성을 발굴해야 살아남을 수 있는 시대이기 때문이다.

11

'코끼리형 인간'보다
'벼룩형 인간'이 되자

'벼룩형 인간'이란 표현은 세계적인 경제평론가 찰스 핸디가 자신의 저서 『코끼리와 벼룩』에서 언급한 것이다. 찰스 핸디는 거대조직^{코끼리}의 일원으로 살던 시대가 끝나고 이제 개인^{벼룩} 스스로가 조직인 사회가 온다고 예견했다. 즉 어느 학교를 나와 어느 직장에 있느냐가 인생을 결정하는 시대는 끝났다는 것이다.

코끼리들의 조직에서는 내가 아니더라도 일을 대신해 줄 사람이 있었고, 일이 잘못되어도 숨을 곳이 있었다. 그렇기 때문에 급변하는 사회의 변화에 민첩하게 적응하기 어려울 뿐만 아니라 치열한 생존경쟁에서 뒤질 수밖에 없다. 반면 벼룩형 인재는 조직에 머물지 않고 자신의 능력이나 가치를 만들어가는 프리랜서를 가리킨다. 창의적인 벼룩형 인간들은 급변하는 사회의 변화에 민첩하게 적응할 수 있을 뿐만 아니라 계속 자기생활을 영위하기 위해서 끝없이 자기계발을 한다.

사회나 기업에서는 코끼리형 인간보다는 벼룩형 인재를 원할 수밖에 없다. 그러한 이유로 지적 재산 대부분이 변화를 선도하는 벼룩들의 소유가 될 것이다. 그리고 변화에 적응하기 힘든 코끼리들은 벼룩들의 지식을 임대해서 살아가는 존재가 될 것이다.

저자 찰스 핸디는 자유를 얻기 위해 안정된 생활을 버리고 모험의 세계로 자신을 이끈 인물이다. 목사의 아들로 자란 그는 다국적 석유회사인 쉘에서 근무하다가 런던경영대학 교수를 지냈다. 그 후 49세부터는 책을 쓰고, 강연하고, 방송하는 프리랜서가 되었다. 그는 스스로 코끼리가 아닌 벼룩형 인간의 삶을 실천한 셈이다.

요즘 취업시장에서 정규직보다는 계약직이나 아웃소싱을 선호하는 것을 보면, 코끼리의 일원보다 벼룩형 프리랜서의 필요성이 높아지고 있다는 것을 확인할 있다. 찰스 핸디는 그의 저서에서 영국 전체 회사의 10%만이 5명 이상의 직원을 고용하고 있다고 하며 '코끼리의 몰락'은 이미 시작되고 있는 것이라고 단정하였다.

프리랜서에게 필요한 것은 졸업장이나 학위가 아니라 자기 분야에서 타의 추종을 불허하는 감각과 창의력이다. 남들보다 나아지려 노력하기보다 남들과 달라지기 위해 노력해야 한다. 남들과 같은 공부를 해서 점수를 몇 점 더 받는 것은 의미가 없다. 남들이 전혀 모르는 지식을 찾아 자기 것으로 할 수 있는가만이 중요하다.

제5장

1톤의 생각보다 1그램의 실천이 옳다

랜디 게이지는 고등학교 중퇴자로, 팬케이크 가게의 접시닦이에서 출발해 억만장자가 되었다. 그는 『돈 부자는 행동하고, 가난한 자는 생각만 한다』라는 책을 펴냈는데, 제목에서 말해주듯이 생각보다 실천을 강조하고 있다. 1톤의 생각보다 1그램의 실천에서 변화는 시작된다. 생각만 하는 것은 아무런 변화를 가져오지 못한다. 그는 그러한 생각을 바탕으로 다른 사람들의 사업과 삶을 도와주어 '부를 위한 제다이 기사'로도 불린다.

우리는 부담감 또는 게으름으로 결단을 미루고 실천하지 않는 경우가 많다. 성공 또한 누가 얼마나 더 많은 결단을 내리고 실천하는지에 따라 결과는 달라진다. '할 수 없다'는 부정적인 말 따위는 한 귀로 듣고 한 귀로 흘려버리자. 영혼을 울리는 삶을 살 수 있는 기회를 두려움 때문에 포기하지 말자. 인생에 확실히 보장된 것은 없다. 노력하지 않고서 운 좋게 행복해지는 경우도 없다. 그것은 단지 가능성의 차원일 뿐이다.

실패하는 것이 두려워 시도조차 않는다면 어떤 것도 얻을 수 없음을 명심하고, 용감히 도전하고 처참하게 실패하자. 실패가 우리에게 가져다주는 모든 기회를 내 것으로 만들자.

1

도전에는 정년이나
은퇴가 없다

성공할 수 있는 기회는 연령과 성별을 구별하지 않고 누구에게나 똑같이 찾아온다. 나이 든 사람들은 가끔 "이 나이에 무슨 기회가 찾아오겠나." 하고 한탄하면서 절망에 빠지기 쉽다. 역사를 살펴보면 노년에도 성공한 사람이 많다. 강태공은 숱한 세월을 낚시로 보내면서 다가올 기회를 기다리다가 70세의 나이에 재상이 되었다. 김대중 대통령도 수많은 고난과 역경을 딛고 72세의 늦은 나이에 대통령이 되었다. 이명박 대통령도 현대건설 사장, 서울시장을 비롯한 다양한 경력을 다지다가 67세의 나이에 대통령이 되는 기회를 잡았다.

나이에 상관없이 성공한 대표적인 사람으로 커넬 샌더스가 있다. 세계 어느 나라에서든 치킨 패스트푸드 체인점인 KFC를 가면 문 앞에 서 있는 노신사를 만날 수 있다. 그가 다름 아닌 KFC의 창업자 커넬 샌더스이다. 그는 어린 시절부터 어려운 역경을 겪었지만 좌절하지 않고 기회를 기다리다 66세의 나이에 성공하기 시작하였다.

커넬 샌더스는 6세에 아버지를 잃고 어머니마저 재혼을 하여 매우 가난하였다. 초등학교를 중퇴하고 10살 때부터 생활터전에 나섰고, 동생들을 돌봐야 했기에 요리를 자주하였다. 갖은 고생 끝에 주유소를 마련한 그는 주유소 뒤에 있던 창고를 개조하여 닭튀김 요리를 파는 간이식당을 열었다. 40세 때 식당이 번창하자 닭튀김으로 세상을 지배하자는 비전을 가졌다. 그는 아예 주유소를 그만두고 음식점에만 몰두하여 성공한 사업가로 변신했다. 그러나 경영악화로 인해 식당은 경매 처분되고 66세에 알거지가 되었다.

그는 여기서 좌절하지 않고 자신의 비전을 실현시키기 위하여 KFC 프랜차이즈를 생각해 냈다. 그는 흰색 캐딜락에 압력밥솥과 튀김양념을 가지고 다니면서 체인점에 가입시키기 위하여 인근 지역 식당을 찾아다녔다. 그는 이들에게 단순히 요리법만 전수하는 데 그치지 않았다. 며칠간 그 식당에서 흰색 정장 차림으로 자신이 튀긴 닭을 직접 팔기도 했다. 그런 샌더스의 열정에 반한 음식점 주인들이 하나둘 그와 계약을 맺기 시작했고, 결국 70세에 200개가 넘는 체인점을 확보하는 데 성공했다.

커넬 샌더스는 '죽는 날까지 열심히 일한다'라는 비전을 새롭게 세우고 죽을 때까지 일을 하였다. 자신의 경영능력에 한계를 느낀 시점에는 회사를 다른 사람에게 팔았지만 그는 그 회사에서 월급을 받으며 자문과 홍보 역할을 맡았다. 결국 그는 KFC를 세계적인 패스트푸드 체인점으로 번성시켰으며, 90세까지 열심히 그의 비전을 실현하였다.

성공은 나이를 불문하고 누구에게나 찾아온다. 성공을 위해 도전하는 것을 포기하느냐 포기하지 않느냐의 차이가 있을 뿐, 나이가 많고 적음은 문제가 되지 않는다. 도전을 포기하는 순간부터 성공은 비껴가거나 더 많은 위험과 위기로 돌변하여 덮쳐올 것이다. 하지만 포기하지 않고 도전한다면 언젠가는 행운을 동반한 성공이 찾아올 것이다.

1

긍정이 부정을
잡아먹는다

어떤 사람은 99개를 가지고 있으면서도 채우지 못한 한 개 때문에 부족하다고 생각한다. 어떤 사람은 한 개만 가지고 있으면서도 없는 것보다 낫다고 생각한다. 『탈무드』에 참고할 만한 내용이 있다.

아버지가 아들에게 말했다. "사람의 마음에는 두 마리의 늑대가 있단다. 하나는 긍정적인 생각을 하고 행동을 하게 하는 늑대이고, 하나는 부정적인 생각을 하고 행동을 하게 하는 늑대란다." 그 말에 아들이 아버지에게 물었다. "그럼 결국에는 누가 이겨요?" 아버지의 대답은 "네가 먹이를 주는 쪽이 이긴다."

이는 결국 긍정적인 생각을 하면 긍정적인 행동이 이루어지고, 부정적인 생각을 하면 부정적인 행동이 이루어진다는 교훈을 전한다.

'머피의 법칙'이라는 게 있다. 우리는 생활 속에서 일이 잘 풀리지 않고 계속해서 꼬이는 순간을 더러 경험하는데, 이처럼 나쁜 일이 연달아 발생하는 경우를 표현한 말이다. 그러나 그것은 우연한 경우이기 때문에 객관적으로 어떤 '법칙'을 적용할 수는 없다. 하지만 부정적인 사고방식에 사로잡힐 때면 얼마든지 '부정적인 법칙'이 될 수 있다. 이것을 긍정적인 방향으로 생각한다면 어떨까? 좋은 일이 발생했을 때 계속 좋은 일이 벌어질 것이라고 스스로 암시를 거는 것이다.

조엘 오스틴의 『긍정의 힘』을 보면 사람은 믿는 대로 된다고 한다. 우리가 긍정적인 생각으로 세상을 보면 모든 것이 긍정적이고 행복해 보이나, 부정적인 생각으로 세상을 보면 모든 것이 부정적이고 불행하게 여겨진다. 비전을 달성하느냐 못 하느냐는 자신의 비전을 긍정적으로 보느냐 부정적으로 보느냐의 차이다. 꼭 달성할 수 있다는 긍정의 힘만 믿는다면 분명히 우리의 꿈은 달성할 수 있다.

우리 주변을 보면 성공하는 사람들의 특징 중 하나는 긍정적인 사고의 소유자라는 것이다. 반면에 실패하는 사람들은 대체로 부정적인 사고를 한다. 성공하는 사람들은 항상 생각 자체가 긍정적이어서 '난 할 수 있어', '난 멋있어', '난 잘 될 거야', '난 행복해', '난 아름다워', '난 장점이 많아', '불가능은 없어'라고 생각한다. 이런 생각 때문에 성공한 사람들은 항상 밝고 긍정적이며, 똑같은 일을 해도 신난다. 부정적인 사람들은 누가 그렇게 단정을 짓지도 않았는데 본인 스스로 '난 할 수 없어', '난 못났어', '난 잘 안 될 거야', '난 불행해', '난 못생겼어', '난 단점이 많아', '그 일은 불가능해'라고 생각한다. 그러다 보니 모든 일에 도전하기보다는 안주하게 되고, 어떤 난관이 오면 쉽게 포기하여 절망에 이르는 경우가 많다.

긍정과 부정은 동전의 양면이다. 어떤 상황에서든 긍정적인 상황과 부정적인 상황은 병행되지만, 보는 사람의 마음에 따라 달라질 뿐이다. 마음이 긍정적인 사람은 어떤 일을 하든 긍정적인 자세이기 때문에 자신감을 가지고 즐겁게 진행할 수 있다. 반면 부정적인 사람들은 똑같은 일도 부정적인 자세이기 때문에 짜증이 앞서 일도 잘 안 풀리게 된다. 이런 태도는 그 상황을 지켜보는 다른 사람들에게도 지대한 영향을 끼친다. 긍정적인 사람을 지켜보는 사람은 그 모습에서 즐거운 의욕을 얻게 된다. 부정적인 사람을 지켜보는 사람은 짜증내면서 투덜대는 영향을 받아 힘이 빠지게 된다. 결국 부정적인 사람은 자신의 성공을 달성할 수 없을뿐더러 주변 사람들에게도 부정적인 분위기를 전달하여 인간관계까지 단절되는 경우가 많다.

자신의 삶은 자신이 만들어가는 것이다. 긍정적으로 생각하다 보면 그러한 작은 습관들이 모여 자신을 긍정적으로 만들어간다. 그렇게 살다 보면 자기도 모르게 변화된 모습을 확인할 수 있을 것이다. 10년쯤 지나고 나면 작지만 좋은 습관들을 만들어가는 성공자의 삶을 살게 될 것이다.

항상 긍정의 눈으로 세상을 보는 습관, 항상 긍정의 말만 하는 습관, 남에게 뭔가 주는 것을 기뻐하는 습관, 문제만 제시하지 않고 대안도 제시할 줄 아는 습관, 그런 습관들을 만들며 승자의 삶을 살아보자. 선택은 자유다. 긍정적인 생각으로 행복한 삶을 살 것인지, 부정적인 생각으로 불행한 삶을 살 것인지……

3

기회는 준비된 자를 위한 선물

우리는 종종 아무런 준비도 하지 않은 채 기회가 없다고 말하곤 한다. 작은 어려움에도 핑계를 대고 쉽게 포기할 때도 있다. 그러나 빠르게 변하고 있는 세상에서 기회는 우리가 미처 잡아채기 힘들 만큼 빠르게 지나간다. 하물며 기회를 잡을 준비가 되어 있지 않은 자에게는 알아챌 틈도 주지 않는다. 더욱이 미래 사회는 우리를 기다려주지 않는다. 기업은 사회와 시장의 변화를 따라가기 위해 준비가 된 자에게만 기회를 주려 할 뿐, 다른 어떠한 핑계도 용납하지 않으려고 한다.

　랜디 포시는 『마지막 강의』에서 행운이란 준비가 기회를 만났을 때 찾아오는 것이라 했다. 우리가 핑계로 말하는 '장벽'에 대해서도, 장벽이란 우리를 가로막기 위해서가 아니라 단지 우리가 얼마나 간절히 그것을 원하는지 보여줄 기회를 주기 위해서 있는 것이라고 했다. 그는 장벽이 거기 서 있는 것은 절실히 원하지 않는 사람을 걸러내려는 것으로, 내가 아닌 다른 사람을 멈추게 하려고 거기 서 있는 것이라 했다.

회사를 다니는 동안 우리는 여러 가지 이유로 이직을 생각하게 된다. 그때를 발전의 기회로 삼아야 한다. 하지만 발전할 준비가 되어 있지 않다면 그것이 기회인지조차 모르고 지나치게 될 것이다. 성공적인 이직은 자신의 준비 여하에 달려 있다. 따라서 직장생활을 하는 동안 '만약 내가 이직을 한다면'이라는 가정을 하고 그에 대한 철저한 준비를 해둘 필요가 있다.

국내 중공업 분야에서 굴지의 대기업에 15년간 근무해 온 김 과장은 대리 시절 초반까지는 이직에 대해 생각해 본 적이 없었다. 일을 배우고 처리하는 것이 즐거웠고, 회사생활도 재미있었기 때문이다. 그러면서도 그는 퇴근 이후 시간을 활용하여 대학원에 진학했고, 산업공학을 전공하여 품질관리기사 1급과 공정관리 1급 자격증을 취득하였다. 김 과장은 이로 인해 회사에서 품질관리 기사 양성을 위한 교육을 실시할 때 사내 강사로 활동하였다. 이 활동을 계기로 회사를 퇴직한 후 전문컨설턴트로 활동하게 되었다. 언젠가 회사를 떠나려면 김 과장처럼 자신의 경력을 키워라.

4

1년만 투자하면
평생직업

새로운 직업을 구하려는 사람들은 과연 얼마나 많은 시간을 투자해야 하는지 궁금해 한다. 퇴직을 한 후에 무엇을 하면 좋을지 고민하는 입장이라면 1년만 미치면 원하는 직업을 가질 수 있다. 이미 성공을 위한 10년 법칙이라는 것도 있고 3년 법칙도 있지만, 저자는 1년만 열심히 준비하면 웬만한 직업은 다 가질 수 있다고 주장하고 싶다. 실제로 1년을 투자하여 직업이 생기는 경우는 매우 많다.

L씨는 지방 대학에서 영어영문학과를 졸업하였으나, 요리에 취미가 있어서 호텔 조리사가 되고 싶었다. 하지만 식품영양학이나 조리학과를 전공하지 않았기 때문에 요리사로 취직할 수 없는 형편이었다. 그러나 호텔 조리사였던 선배를 만나서 알아보니, 전공은 상관없지만 자격증이나 실무 경험이 있어 추천을 받으면 지원할 수 있음을 알게

되었다. L씨는 먼저 요리학원에 등록하여 조리기능사 자격증을 취득하였다. 그 뒤 식당에 취업하여 잔일부터 시작해 요리사의 실제를 터득한 후 호텔에 이력서를 제출했다. 조리사로 먼저 취업한 선배의 추천을 받아 지금은 꿈에 그리던 호텔 조리사로 활동하고 있다.

그가 투자한 시간을 보면 자격증을 취득하는 데 걸리는 시간은 2개월이었다. 그리고 식당에 취업하고 열심히 노력하여 7개월 동안 웬만한 요리 조리법이나 물품의 구매 방법을 습득하였다. 그는 호텔 조리사로 일하기 위하여 9개월을 투자한 것이다.

P씨는 여행사에서 투어 컨덕터^{Tour Conductor}로 일하고 싶어 했다. 투어 컨덕터란 내국인이 해외여행을 할 때 관광객의 출국에서 입국에 이르기까지 모든 여행에 동행하며 관광객을 책임지고 인솔하는 여행사 소속의 관광 가이드라고 할 수 있다. P씨는 정규 직원보다는 프리랜서로 일하면서 자유롭게 여행하는 TC 생활을 하고 싶었는데, 여행사에 찾아가 어떤 준비를 해야 하는지 물었더니 TC 자격증을 취득하면 된다고 했다. TC 자격증은 관광학과를 나와야 시험을 볼 수 있는 자격이 주어지지만 학과에 상관없이 여행사에서 6개월 이상 근무한 경력이 있으면 교육 받을 자격이 주어진다. 2년간 여행사에서 근무했을 경우에는 3일간의 소양교육을 통해 자격증을 받을 수도 있다. 대학에서 경영학을 전공한 그는 응시 자격이 없었기 때문에 가장 빨리 자격증을 따서 일할 수 있는 방법을 선택했다. 특별한 경력이 없어도 가능한 여행사 영업직으로 취직을 하여 6개월 뒤에 2개월의 소양교육을 거친 후 시험에 합격하였다. 자격증을 취득한 P씨는 다니던 회사

에 제안해서 TC로 일할 수 있는 기회가 주어졌다. 그렇게 해서 그는 8개월 만에 원하던 직업을 가질 수 있게 되었고, 3년째 가이드 생활을 하면서 40개 국가를 TC로 여행 다니고 있다.

예로 제시한 두 사람은 호텔 조리사나 여행사 TC로 취직을 하는데 1년이 채 안 되는 기간에 목표를 이루었다. 이들이 원하는 직업을 갖게 된 것은 정확한 안내를 바탕으로 전략을 세우고 실천했기 때문이다.

대개의 구직자들은 원하는 직업이 있어도 막상 어떻게 해야 하는지 몰라서 고민하는 경우가 많다. 구체적으로 어떻게 도전해야 직업으로 연결되는지 노하우를 모르기 때문이다. 대학에서 전공 교육을 받아야 한다는 고정관념이나 경력이 필요할 것이라는 편견에 사로잡히면 목표에 도달하는 데 시간이 많이 걸린다. 이런 경우 고민할 필요 없이 그 분야의 전문가나 관련 기관을 찾아가 방법을 확인하면 된다. 먼저 그 길을 가고 있는 사람에게 묻는 것은 직업을 결정하는 데 가장 정확한 안내가 된다.

'만능'과 '박학다식'을 무용지물로 만들지 말 것

취업난이 해소될 기미를 보이지 않는 가운데 최근 구직자들 사이에 '위장취업' 사례가 크게 늘고 있다는 보도를 접하고 착잡한 마음을 금할 길 없다. 예전 80년대에는 운동권 학생들이 '노학연대투쟁'을 위해 학력을 속이고 공장 직공으로 위장취업을 하기도 했는데, 요즘 위장취업은 '고학력이 취업에 도움이 안 된다'고 판단한 구직자들이 자신의 학력을 낮춰 취직하는 흐름이다. 박사 학위를 취득한 이들조차 100만 원이 안 되는 강사료보다 보수가 높은 공장에 취직하는 경향이 늘어가고 있다고 한다. 불과 몇 년 전만 해도 학력이 높을수록 취업에 유리했던 것과는 다른 풍속도다.

박사 학위를 따기 위해서 오직 한길만 보고 공부만 해왔지만 그 세월을 보상해 줄 만한 터전이 없는 지경이다. 이미 그와 같은 처지의 사람들이 넘쳐나게 되었기 때문이다. 한 우물만 파는 것이 만족스러운 조건을 가져다줄 수 없다면, 이제 박사 학위를 가지고도 공장에서 단순 노무자가 되어야 하는 슬픈 현실 속에 우리는 살고 있다.

지금 우리는 직장보다는 직업, 경험보다는 경력, 학력보다는 학벌이 더 요구되는 시대를 살고 있다. 사람들은 좋은 직업을 가지려 하고, 좋은 경력과 좋은 학벌을 가지려 노력한다. 뿐만 아니라 자기계발이란 바람이 불어서 수많은 시간을 투자하여 자격증 따기에 매달리고 있다. 문제는 이처럼 경력, 경험, 자격, 학력, 학벌 등을 충분히 갖추고도 이것을 제대로 활용하지 못하는 경우가 종종 있다는 것이다. 우리 옛말에 '구슬이 서 말이라도 꿰어야 보배가 된다'는 말이 있듯이 아무리 많은 자격이나 학벌이 있다고 해도 써먹지 못하면 아무 의미가 없다.

우리나라에서는 이미 오래 전부터, 여러 가지의 직위나 직업을 가지고 있거나 다양한 역할을 수행하는 사람을 지칭하는 표현이 있었다. 요즘의 멀티플레이어라는 말과 비슷한 의미를 지닌 '박학다식'이나 '만능'이라는 단어가 그것이다. '박학다식'이란 학식이 넓고 아는 게 많음, 또는 학문이 넓고 식견이 많음을 의미한다. '만능'이란 온갖 일에 두루 능통함, 또는 온갖 것을 해낼 수 있음을 의미한다. 여기에서 알 수 있듯이 박학다식이라는 말은 지적 영역에만 국한되어 있는 반면 만능은 행동적인 영역에 국한되어 있다.

다재다능한 경력은 자칫하면 전문성이 부족한 사람으로 인식되거나 한 분야나 직장에 어울리지 않는 사람으로 평가받을 수 있다. 따라서 지금까지 가진 경력과 자격증을 이력서에 하나씩 적어가면서 그 가치들을 활용하기 위해 어떻게 꿰어야 할지 고민해 보아야 한다. 자신을 가장 잘 나타낼 수 있는 것이 경력이라면 경력 사항을 중심으로 하고 나머지 능력조건들을 배치함으로써 전문성이 두드러지게 해야 한다. 또 자신을 내세울 만한 것이 학력이라면 학위 등을 중심으로 자격이나 경력을 배열하는 방식이 좋다. 현장 업무에서 쌓은 특별한 기술이 있다면 그것을 중심으로 자격증이나 경력을 배치하는 것이 현명하다.

6

실패는
성공을 위한 기회

미국의 한 회사는 사원을 채용할 때 실패하여 해고를 당한 경험이 있는 사람을 우선 채용한다고 한다. 실패에 대한 뼈아픈 경험이 큰 자산이라는 것을 알고 있기 때문이다. 우리나라 모 기업 회장은 자신의 운전기사를 뽑을 때 교통사고 경험이 있는 사람을 뽑는다고 한다. 그런 기사는 운전할 때 더 많은 주의를 기울이고 안전운전을 하며, 예상치 못한 돌발 상황에 대처하는 능력도 갖고 있기 때문이다. 유도 선수들은 연습할 때 낙법부터 배운다고 한다. 넘어질 때 안전하게 몸을 보호하는 기술을 배우면 다시 일어나 도전할 수 있다. 이와 마찬가지로 실패라는 것은 우리가 성공하기 위해 도전하는 과정이며 경험이다.

실패가 두려워 아무 것도 시작해 보지 않는다면, 그것은 스스로가 기회를 만들지 않는 것이다. 행동으로 옮기는 과정에서 겪은 실패는 다음에 도전할 때 필요한 새로운 방법을 터득하게 한다. 즉 실패는 성공을 위한 발판의 계기이다. 그리고 이러한 과정을 거쳐 성공했을 때 우리는 더 많은 기회와 만날 수 있게 된다.

실패는 실패로 끝나는 것이 아니라 성공으로 가기 위한 새로운 방법이다. 어떤 일에 도전했을 때 자신이 원하는 만큼 결과가 돌아오지 않았다 해도 그것을 실패로 받아들여서는 안 된다. 그 결과는 앞으로 똑같은 행동을 반복하지 않을 수 있는 길을 알려준 것이다. 그래서 실력 있는 사람일수록 수많은 실패의 경험을 가지고 있다. 많은 실패의 경험 속에서 실수하지 않고 나아가는 방법을 터득했기 때문이다. 실패나 실수에 대한 인식을 바꾸고 그 경험들이 현실적으로 자신에게 어떤 도움이 되는지를 바라볼 수 있다면 이미 절반은 성공한 것이다.

실패를 두려워하지 않고 다시 도전한다면 더 빨리 성공할 수 있는 기회가 당신을 찾아올 것이다. 하지만 실패를 패배로 받아들이고 다시 도전하지 못한다면 성공할 기회를 잃게 될 것이다. 도전을 주저하면 할수록 원하는 것을 얻을 기회는 멀어진다. 당신이 앞으로 나아가기 위해, 그리고 인생의 목표들을 성취하기 위해서는 실패라는 단어를 기회의 동반자로 삼아야 함을 명심해야 한다. 어쩌다 간혹 운 좋게 한 번에 성공하는 사람도 있지만, 그런 경우 위기가 닥쳤을 때 실패의 경험에서 터득한 지혜가 부족하기 때문에 쉽게 무너질 수 있다.

현실적으로 실패는 긴장과 두려움을 만든다. 두려움은 자신감을 없애고 판단력을 흐려 앞으로 나아가는 데 장애가 된다. 우리는 어떻게 실패를 딛고 일어서야 하는지에 대한 유명한 경구들을 알고 있다. '실패는 성공의 어머니', '위기는 기회다' 등 숱한 진리의 말들이 있지만, 실패를 극복한다는 것이 그런 말처럼 쉽지는 않다. 한 가지 일에 익숙해지기 위해서는 21번의 실패가 필요하고, 아기가 걸음마에 성공하기 위해서는 1,500번의 넘어짐이 필요하다. 이렇듯 우리가 지금 익숙하게 하는 모든 행동들은 한 번에 이루어진 것이 없다는 점을 기억해야 한다.

때로는 말로 표현하기 힘든 역경을 극복한 인물들의 이야기가 도움을 주기도 한다. 실패를 기회로 삼은 여성 중에 대표적인 사람이 바로 오프라 윈프리이다. 그녀가 겪었던 일들은 실패라는 한마디 단어로는 형언할 수 없는 엄청난 고통들이었다. 그녀는 흑인 사생아였으며 13세 때 성폭행을 당하고 14세에 임신을 했다. 20세에는 마약중독에 빠지기도 했다. 누가 보아도 그녀는 인생의 실패자였다. 하지만 위기와 고난을 극복한 흑인 여성들의 강인한 삶을 다룬 소설을 읽고 자신의 부끄러운 과거를 이겨내는 의지를 키웠다. 그리고 마침내 배우로, 영화·TV제작자로, 자선가로, 사업가로서 성공한 사람이 되었다. 경제전문지 「포브스」는 지난 1년간 미국 TV방송 진행자 중 가장 돈을 많이 버는 스타로 그녀를 꼽았다.

오프라 윈프리처럼 인생의 밑바닥까지 떨어진 상황을 극복하여 삶의 가장 높은 봉우리까지 올라갈 수 있는 사람은 흔하지 않다. 보통 사람에게 이렇게 큰 실패나 좌절이 닥치는 경우도 흔치 않다. 하지만 우리의 일상을 잘 살펴보면 이미 우리는 수많은 실패를 극복하며 살고 있다. 지금 우리가 두 발로 걸어다니게 된 것은 아기 때부터 1,500번이나 넘어졌던 덕분이다. 걸을 수 있게 된 뒤에는 누구나 뛰어다니거나 한 발로 설 수 있는 새로운 발전을 이루지 않았는가. 당신은 무엇을 하든 1,500번의 실패 전에 성공의 기회를 잡을 수 있을 테니 실패를 두려워하지 말라. 실패는 언제나 당신을 성공에 한 발짝 더 가까이 데려다주는 기회란 것을 잊지 말자.

7

후회할 짓은
하지 마라

"얼마 전에 이직을 했습니다. 이직하면 연봉도 오르고 제가 좋아하는 일을 할 수 있을 거란 기대에 부풀어 있었는데, 막상 옮기고 나니 하루하루 지날수록 후회만 됩니다. 새 회사에 다닌 지는 반년도 채 되지 않았는데, 또 이직할 수도 없고 어떡하죠?"

잘못된 이직은 리콜을 신청할 수 있는 자동차도, 환불을 요구할 수 있는 플랫 슈즈도 아니다. 진지하게 생각을 해보라. 당신이 싫어하는 것이 커리어에 대한 선택인가, 아니면 당신이 하고 있는 일인가. 당신에게 동기를 부여해 주는 것이 돈인가, 창의성인가.

잘못된 이직을 선택했다면 그에 대해 철저히 원인 규명을 해야 한다. 우선 이직을 후회하는 이유가 개인의 선호나 취향과 같이 단편적이고 즉흥적인 것인지 아닌지 알아내는 게 중요하다. 옮겨 간 회사의 업무가 당신의 커리어에 도움이 된다면 성실한 자세로 업무에 임해야 한다. 그런 뒤에도 견딜 수 없다면 퇴사를 심각히 고려해야겠지만, 그렇다 해도 근무기간을 1년 정도는 채워야 한다. 짧은 근무 경력은 인사 담당자들에게 부정적인 이미지를 줄 수 있기 때문이다.

지금 당장 떠날 수밖에 없다면 최대한 매너 있는 뒷모습을 보이도록 노력해야 한다. 어차피 그만두는 마당이니 인수인계를 대충 처리하거나 공동의 법규에 어긋나는 행동을 하는 것은 어리석은 짓이다. 입사하기 위해 노력했던 초심으로 돌아가 끝까지 성실한 태도를 보이는 게 최소한의 예의이다.

"5년차 비서입니다. 일을 특별히 못한 것 같지도 않은데 해고당했어요. 저 어떻게 하죠? 비서과를 나와서 배운 건 이것뿐인데……. 선배들은 아직 젊으니까 얼마든지 기회가 올 거라지만 저는 두렵기만 해요. 제 앞날은 어떻게 될까요? 이대로 영영 청년실업자로 남는 건 아닐까요?"

이런 경우, 가장 중요한 것은 좌절한 모습을 보이지 않는 것이다. '좌절금지' 스티커를 방문에 붙여놓고, 「난 괜찮아」라는 노래를 들으면서라도 '나는 좌절하지 않았어'라고 자기 최면을 걸어라. 무엇보다 당신은 아직 젊다. '젊음'은 곧 '기회'다. 노년에 퇴직금을 전부 투자해서 사업을 새로 시작하는 사람들도 있다. 하물며 이제 직장생활을 5~6년 정도 한 사람이라면 얼마든지 기회가 있다.

한 번 실패했다고 인생 전부를 잃는 것은 아니다. 실패는 억만금의 돈으로도 살 수 없는 가치를 선물할 때가 있다. 다시 시도할 시간이 충분하다는 것만으로도 당신의 위기는 위기가 아니다. 롤러코스터를 탈 때 꼭대기에서 떨어져 내리는 순간, 무서움에 눈을 감아버리는 사람도 있지만 눈을 크게 뜨고 떨어지는 순간의 풍경을 관찰하는 사람도 있다. 그런 사람들은 떨어져 내리는 아찔한 순간을 즐기는 것이다. 지금 여러분이 그 꼭대기에 있다고 생각하고 공포를 즐겨야 한다. 그래야 여러분을 불안하게 지켜보던 사람들을 향해 환한 미소를 지어 보일 수 있다.

'위기는 곧 기회'라는 고리타분한 진리가 있다. 하지만 위기가 닥쳤을 때 우리는 자신이 하던 일을 정말 좋아하는지 확인할 수 있다. 한창 경력을 쌓고 있는 도중에는 진정으로 그 일을 좋아하는지 어쩐지 확인하는 게 거의 불가능하다. 하지만 직장을 떠날 상황이거나 이미 떠난 상황이라면 진실한 자신의 목소리를 들을 수 있다. 여러분의 삶에 대해 근본적으로 생각해볼 절호의 기회를 이대로 흘려보낼 순 없다.

한때 대기업의 종합상사에서 잘나가던 친구인 P씨가 있었다. '적절한 때 임원을 시켜주겠다' 혹은 '연봉을 대폭 인상하겠다'는 달콤한 유혹이 있었지만 종합상사라는 업종 자체가 사양길로 접어들자 P씨는 과감하게 회사를 떠났다. 이후 일본 관련 신규 프로젝트를 시작하는 기업이나 일본계 기업에서 스카우트 제의가 들어와 3, 4곳을 전전했다. 아이들이 커가면서 심리적 부담도 커지자 P씨는 좀 더 안정적인 직장을 원했고, 결국 처음에 다니던 기업으로 돌아갔다. 그러나 일본 전문가로 명성을 날리던 것도 옛일이 되었고, 몇몇 입사동기를 제외하면 네트워크 형성도 되어 있지 않았기 때문에 구조조정 바람에 1순위로 명예퇴직을 당했다. 그 후 그는 고향으로 내려와 자영업을 시작했다. P씨는 "주변에서 실력 있다고 평가하는 말에 지나치게 휘둘린 것 같다."며 경력 개발에 대한 고려 없이 이곳저곳 옮겨만 다닌 게 패착이었다고 토로했다.

현재 구직활동 중인 Y씨는 준비 없는 전직 과정을 거치면서 실패한 전형적인 사례이다. 모 은행에서 근무하던 Y씨는 경력 개발을 위해 1억 원이 훌쩍 넘는 자비를 들여 미국에서 MBA^{경영학 석사}를 따왔다. 학위를 받은 후 원래 다니던 직장으로 복귀를 했으나, 미국에서 프로젝트를 진행하던 외국계 컨설팅 회사 간부로부터 스카우트 제의를 받았다. 좋은 기회라고 여긴 그는 그 제의만 믿고 퇴사했다. 하지만 기다리던 연락은 없었고, Y씨는 스카우트를 제의한 간부에게 연락을 해보았으나 통화조차 할 수 없었다. 알아봤더니 인력 충원을 기획했던 그 간부가 국내 대기업으로 옮겨 가면서 계획 자체가 무산되었다는 것이었다.

다급해진 Y씨는 이곳저곳 직장을 알아보다 모 인터넷 기업에 재취업했다. 하지만 외국계 은행이나 컨설팅 회사를 원하던 눈높이에 적합하지 않은 데다, 업무 내용도 맞지 않아 다시 구직활동에 나선 상태이다. Y씨는 "전 직장에서 나올 때 말리던 간부나 동료들에게 좋은 인상을 남기지 못한 게 후회된다. 솔직히 유학이나 전직 같은 것은 생각하지 않고 아파트를 사고 주식 투자한 옛 동료들이 부럽다."고 털어놓았다.

K씨는 회사 분위기만 따지다가 경력 관리가 전혀 안 된 경우이다. 명문대 경영학과를 졸업한 K씨가 잡은 첫 직장은 대기업 계열의 전자부품 회사였다. 관리업무를 하던 K씨는 '재미없다'는 이유로 1년 만에 첫 직장을 그만뒀다. 이어서 들어간 곳은 외국계 생활용품 기업. 이곳에서 할인점 등을 대상으로 영업을 하였으나 반복적인 업무가 지루하다며 벤처기업으로 옮기기로 했다. 결국 신생 IT기업으로 이직하여 팀장 명함을 달았지만, 이번에는 업무 강도가 너무 세고 윗사람과의 마찰도 발생했다. 막연히 벤처기업에 대한 환상만 가지고 있던 K씨는 또 다시 옮길 곳을 찾고 있다. 하지만 이번에는 대학 졸업 후 1년에 한 번씩 직장을 옮긴 경력이 발목을 잡고 있다. 제의가 오는 직장들은 연봉 2000만 원 미만의 중소기업이나 신생 벤처들이 대부분이다. 요즘 K씨는 나이 제한이 없어진 공기업이나 노량진 공무원 시험대비반을 기웃거리고 있다.

8

'잠재능력'이라는
거인을 깨우자

프로이트는 인간의 정신이 무의식, 전의식, 의식 3가지로 나누어진다
고 주장하였다. 무의식은 우리가 평소에 전혀 인지하지 못하는 것을
말하며, 의식은 우리가 평소에 나 자신이라고 알고 있는 나의 모습을
말한다. 무의식도 어떤 특별한 이유로 의식화되는 경우가 있다고 하
였다.

　프로이트는 인간의 정신은 마치 빙산과 같아서 '잠재의식'이 정신의
90% 이상을 차지하고 '의식'은 10%에도 못 미치지만, 사람들은 의식
을 정신의 전부인 것처럼 느낀다고 말한다. 의식은 주로 생각하고 판
단하고 명령을 내리는 기능을 가지고 있다. 이에 반해 잠재의식은 신
체의 조직이나 기관 등을 관장하는 자율신경을 담당하며, 정보를 기
억하고 저장하는 기능, 직감이나 감정, 확신과 영감, 암시와 추리, 상

상과 조직력 등의 기능을 제공한다. 잠재의식의 사전적 의미는 '의식이 접근할 수 없는 정신의 영역, 또는 우리들에게 자각되지 않은 채 활동하고 있는 정신세계'이다. 여기서 주목할 것은, 프로이트가 잠재의식을 빙산에 비유한 것처럼 잠재의식의 위력은 거의 무한대이기 때문에 많이 활용할수록 능력도 증가되고 새로운 능력도 개발될 수 있다는 것이다.

요즘 판단하고 명령을 내리는 '의식'의 기능과, 잠재된 힘의 근원으로서의 '잠재의식'의 기능을 강화하는 연구가 한창 진행 중에 있다. 최면의 암시기법으로 시력이 좋아졌다거나 키가 자라는 결과가 나왔다는 발표가 권위 있는 의학학술지에 게재되기도 했다. 어렵게 학술논문을 뒤적일 것도 없이, 정신을 집중해서 초인적인 능력을 발휘했다는 사실은 주위에서도 흔히 찾아볼 수 있는 사례이다.

한때 「두 얼굴의 사나이」라는 외화가 인기리에 방영된 적이 있었다. 두 얼굴의 사나이는 평범한 인간일 때는 의식이 지배하지만 위급한 상황이 되면 잠재의식이 깨어나 괴력의 사나이로 변하는 캐릭터다. 꼭 두 얼굴의 사나이가 아니더라도 평상시에는 불가능한 일이지만 위급한 상황에서는 기적 같은 힘이 솟아나 일을 쉽게 해결하거나 놀라운 능력을 발휘하게 되는 경우가 있다. 반대로 사형수에게 곧 죽는다는 것을 암시하면 결국 잠재의식이 사형수를 죽이게 된다는 예도 있다. 이처럼 잠재의식은 사용하는 곳에 따라 사람의 능력을 배가하기도 하고 죽게 하기도 하는 놀라운 힘을 가지고 있다.

10%의 의식에 의지해 살아가는 상황에서 잠재의식의 도움을 받

는다면 목표를 실현할 수 있는 확률이 높을 것이다. 잠재의식은 마치 황무지와 같아서 개간하지 않으면 영원히 황무지일 뿐이지만, 개발하면 기름진 옥토로 바뀌어 놀라운 결실을 얻을 수 있다. 잠재의식은 무한대이기 때문에 이를 우리 인생의 모든 방면에 활용한다면 그 누구보다 월등한 능력을 발휘하며 살 수 있다. 나아가 잠재의식을 의식의 지배 아래 두고 마음대로 통제할 수 있는 습관을 기른다면 마치 초월적인 존재로 살 수도 있을 것이다.

잠재의식 속에 담긴 능력을 높이려면 항상 어깨를 쫙 펴고 당당한 자세와 힘찬 걸음걸이로 자신감에 찬 모습을 연습해야 한다. 이런 태도는 자기 자신에 대한 확고한 신념을 가지는 것으로, 그런 자신감은 자신이 설정한 목표를 성공에 연결시키는 절대적인 방법이다. 또한 성공에 대한 욕구를 더욱 자극하여 스스로 발전하게 만들기도 한다.

그렇다면 잠재능력을 현실의 능력으로 바꾸는 방법은 무엇일까? 잠재능력을 높이고 활용하기 위해서는 첫째, 잠재의식에 성공의 의지를 불어넣어야 한다. 잠재의식은 현실과 상상을 구분하지 못하기 때문에 끊임없는 상상력으로 성공한 자신의 모습을 그리며 성공을 해야겠다는 강한 결심을 마음속에 새겨야 한다. 그 이미지가 구체적이고 반복적일수록 좋다. 아침에 일어나 거울을 보고 거울 속에 비춘 자신에게 '난 할 수 있어', '난 꼭 성공하고 말 거야'라고 암시를 해보자. 하루가 활기차게 시작되고 강한 성공의 기운으로 인상이 밝아지는 듯한 느낌을 받을 것이다. 둘째, 잠재의식 안에 부정적인 의식을 넣어서는 안 된다. 만약 마음속으로 '실패할지도 모르는데……'라고 생각한다면 잠재의식은 '실패'라는 말만을 받아들이게 되어, 결국 무기력해지면서 실패하게 된다. 따라서 '난 잘될 거야', '난 운이 좋아' 등 긍정적인 상상만 해야 한다. 셋째, 잠재의식은 나와 타인을 구분하지 못한다. 따라서 타인에 대한 부정적인 생각은 자신까지도 부정적으로 만들게 한다. 예를 들면 'A는 너무 능력이 없어'라는 생각이 잠재의식에 입력되면 자신도 능력이 없는 사람이 되고 만다. 그렇기 때문에 다른 사람에 대해서도 항상 긍정적인 생각으로 발전을 기원하면 나의 잠재능력도 그만큼 증가하게 된다.

여러분 안에 잠들고 있는 잠재능력이라는 거인을 깨워보라. 그 거인은 깨어나기만 한다면 여러분들을 성공에 이르게 해줄 것이다.

9

나는 왜 사소한 일에
목숨을 걸까?

로버트 J 맥케인은 "평범한 사람들이 성공을 이루지 못하는 이유는 두 번째로 중요한 일에 먼저 시간을 사용하기 때문이다."라고 했다. 평범한 사람들은 가장 중요한 일과 사소한 일에 대한 구분을 못하기 때문에 중요한 일을 제쳐놓고 사소한 일에 열중하는 경우가 많다.

『사소한 것에 목숨 걸지 마라』라는 책이 베스트셀러가 되었던 적도 있다. 사소한 일에 몰두하게 되면 본류를 그르치게 된다는 점에서 사소한 일에 목숨 걸지 말라는 것이다. 사소한 일에 몰두하는 것이 성공으로 가는 길을 조금 지체할 뿐이라면 큰 문제가 되지 않겠지만 여러 가지 문제들을 동반하기도 한다. 즉 사소한 일에 많은 시간을 낭비해 중요한 일을 하지 못할 수도 있고 사소한 문제로 타인과 오해가 생겨 관계를 망칠 수도 있다. 이런 일들이 여러 번 반복되다 보면 나아가 인생 전체를 망치게 되는 경우도 발생할 수 있다.

우리 주변에는 사소한 일에 집중하다가 인생 전체를 망친 비극적인 예가 널려 있다. 더욱이 우리를 이끌 리더가 사소한 일에 신경을 쓰고 있다면 그를 따르는 사람들의 입장은 어떠할까? 예를 들어 리더가 점보 비행기의 조종사라고 가정하자. 조종사는 목적지까지 승객들을 안전하게 인도하는 것이 목적이다. 그러나 조종사가 조종하는 일에 집중하지 않고 다른 일에 정신이 팔려 운전이 불안해지거나 경로를 이탈하였다면 승객들은 내내 생과 사의 기로에서 불안에 떨어야 할 것이다.

위 사례를 통해 알 수 있듯이 중요한 일 이외에 사소한 일은 빨리 포기하는 것이 좋다. 리더는 사소한 일을 빨리 포기할 수 있는 능력을 지녀야 자신을 따르는 사람들을 이끌 수 있다. 또 리더는 사소한 일뿐만 아니라 불가능할 일에 대해 빨리 판단하고 포기할 수 있는 능력을 지녀야 손해를 보지 않는다.

한 젊은 바이올린 연주자에게 성공의 비밀이 무엇인지 물어보았다. 그녀는 사소한 것을 무시한다고 대답했다. 그녀는 다음과 같이 말했다.

"제가 학교에 다닐 때 저에게 요구되는 것들이 많았습니다. 아침식사 후 저는 침대를 정리하고 방을 정돈해야 했고, 마루를 청소해야 했어요. 그다음에 저는 제 바이올린 연습을 할 수 있었지요. 그러자 나에게 가장 중요한 일을 제대로 할 수가 없다는 것을 알게 되었지요. 그래서 저는 반대로 하기로 했지요. 제 연습시간이 끝날 때까지 저는 모든 것을 고의적으로 무시했어요. 저는 그게 제 성공의 비결이라고 믿어요."

일반인들에게는 사소한 일과 중요한 일을 구분하는 것은 쉬운 일이 아니다. 따라서 일의 우선순위를 정해서 일을 진행해 나가야 한다. 일의 우선순위는 일의 중요성과 상황에 따라 달라질 수 있다.

1912년 4월 12일 밤, 항해 중인 타이타닉호가 빙산과 충돌해서 침몰하였다. 이때 수많은 사람들이 목숨을 잃었다. 이 재난 상황에서 가장 호기심을 끄는 이야기 중의 하나는 특등실에 묵었던 여성 승객의 이야기다. 그녀는 배가 3분 후에 침몰한다는 소식을 듣고 선원들의 만류에도 불구하고 자신의 특등실로 돌아갔다. 그는 자신이 평소에 애지중지하였던 패물들을 무시하고, 화장대 위에 있던 세 개의 오렌지를 가지고 구명보트로 돌아왔다. 조난시 먹을 것이 없을 경우를 대비하기 위해서였다. 자신의 패물을 버리고 불과 5분 전까지도 거들떠보지 않았던 오렌지를 챙긴 것이다. 이전까지는 상상도 해보지 않았던 판단이었다. 그러나 위급한 상황은 갑자기 모든 가치를 바꾸어 그녀의 우선순위를 변하게 했다.

우리도 생활 속에서 너무 작은 것을 보지 말자. 큰 것을 보면서 사소한 일이나 실현하는 데 어려움이 있는 것은 빠르게 포기하는 습관을 길러보자.

10

'새옹지마'의 교훈을 명심하라

기회는 좋은 기회이고, 위기는 위험한 기회를 뜻한다. 기회와 위기는 어떠한 상황이나 조건이 주어졌을 때 그것을 긍정적으로 보느냐 부정적으로 보느냐에 따라 달라질 수 있다. 똑같은 상황이 주어졌을 때, 어떤 이에게는 좋은 기회이지만 어떤 이에게는 위험한 기회가 될 수 있는 것이다. 긍정적인 사람은 위기 속에 기회가 숨어 있다고 하고, 위기와 기회를 같은 가치로 받아들인다. 하지만 현실을 부정적으로 바라보는 사람들은 위험한 면만 바라보고 힘들어 한다.

속담 중에 '인간만사 새옹지마人間萬事 塞翁之馬'라는 말이 있다. 이 말은 회남자의 『인간훈人間訓』에 적힌 이야기에서 유래되었다. '새옹'이란 북쪽 국경에 사는 늙은이로, 그는 점을 잘 치기로 유명했다. 어느 날 웬일인지 그가 키우는 말이 도망쳐 오랑캐들이 사는 국경 너머로 가버

렸다. 마을 사람들이 위로하고 동정하자 늙은이는 "이것이 무슨 복이 될지 어찌 알겠소?" 하고 전혀 낙심하지 않았다. 몇 달 후 뜻밖에도 도망갔던 말이 오랑캐의 좋은 말 한 필을 끌고 돌아오자, 마을 사람들이 축하해 주었다. 그러자 늙은이는 "이것이 무슨 화가 될지 어찌 알겠소?" 하고 조금도 기뻐하지 않았다. 집에 좋은 말이 생기자 말 타기를 좋아하던 아들이 그 말을 타고 달리다가 떨어졌다. 아들의 다리가 부러져 절름발이가 되자 마을 사람들은 늙은이를 위로했다. 그러자 늙은이는 "그것이 다시 복이 될지 누가 알겠소?" 하고 태연히 말했다. 1년 후 오랑캐들이 쳐들어왔다. 마을의 장정들은 활을 들고 싸움터에 나갔다가 모두 전사했으나, 절름발이인 늙은이의 아들만은 참전하지 않아 무사할 수 있었다. 이처럼 우리의 인생살이는 길흉화복이 돌고 돈다.

중국의 작가 장쓰안은 『평상심』에서 "위기와 기회는 본질적으로 정情 깊은 쌍둥이와도 같다."고 했다. 그에 따르면 위기와 기회는 동전의 양면처럼, 그리고 일란성 쌍둥이처럼 서로의 존재 속에 숨어 있다. 따라서 위기라고 해서 절망하지 말고 그 속에 진주처럼 숨어 있는 기회를 발견해야 한다. 또한 기회가 왔다고 들떠 좋아하기보다는 그 속에 감추어진 위기를 감지할 수 있어야 한다.

기회는 편안하게 앉아 쉬고 있을 때 찾아오는 것이 아니다. 힘들어서 멈추고 싶을 때일수록 조금씩 나아가면 승자가 될 수 있지만, 그 자리에서 주저앉으면 영원한 낙오자가 될 것이다. 이제 힘든 순간이 오면 당신 호주머니에 든 동전을 떠올려보라. 그 힘든 상황에서 포기하지 않고 한 걸음만 더 떼어놓으면 달콤한 휴식을 즐길 수 있음을 머릿속에 그려보라. 변화하는 현실에 능동적으로 대응할 수 있는 주체성을 갖춘다면 당신은 위기 속에서 기회를 잡을 수 있게 될 것이다.

설명이 필요 없는 야구계의 신화적 존재, 이승엽 선수는 원래 타자가 아니라 투수로 야구를 시작하였다. 그는 경북고 1년 때 황금사자기 8강전에서 광주일고를 맞아 4회 구원등판, 5이닝을 1피안타 무실점으로 틀어막고 승리투수가 됐다. 그는 삼성에 입단할 당시 "투수로서 한국시리즈를 제패하겠다."는 당찬 각오를 밝히기도 했다. 그러나 갑자기 이승엽 선수에게 위기가 찾아왔다. 팔꿈치 부상으로 더 이상 공을 던질 수 없게 된 것이다. 투수에게 팔꿈치 부상은 선수생활의 종말을 선고하는 위기이다.

깊은 실망에 빠져 있던 이승엽에게 우용득 감독과 박승호 타격코치는 "2~3년 내 김재현 이상 가는 최고의 타자가 될 수 있다."며 타자 전향을 강하게 권유했다. 실의에 빠져 있던 이승엽에게 기회가 찾아온 것이다. 그는 이대로 포기하기보다는 열심히 노력해서 이겨내겠다는 생각으로 타자로 전환했고, 피나는 노력을 하였다. 그가 글러브 대신 배트를 손에 쥐고 시합에 참여한 첫 해, 2할 8푼 5리[365타수 104안타]라는 성공적인 성적으로 데뷔하였다. 이승엽 선수에게 위기가 찾아오지 않았다면 타자가 되지 않았을 것이고, 결국 지금처럼 두각을 나타내는 투수로 성공할 수 없었을 것이다.

위기는 '위험'과
'기회'의 줄임말

기회는 다분히 주관적이다. 어떤 사람은 기회가 와도 기회인지 모르고, 어떤 사람은 위기 속에서도 기회를 찾아낸다. 절망에 빠진 사람들은 자기에게는 좋은 기회가 오지 않는다고 생각하여 가혹한 운명을 탓하곤 한다. 그러나 기회는 분명히 있다. 그러나 절망에 빠진 사람은 눈을 감아버려 기회를 볼 수 없다. 또한 기회를 보았더라도 그것을 기회라고 생각하지 못하여 무심코 지나친다. 어떤 상황에서도 기회를 알아챌 수 있는 눈을 가졌다면 절망 속에서도 기회를 잡을 수 있을 것이다.

이처럼 기회란 사람에 따라 주관적으로 작용한다. 어떤 이에게는 매우 중요한 것으로, 어떤 이에게는 아주 작은 것으로 비치기도 한다. 왜 똑같은 기회를 다르게 받아들이는 것일까? 그것은 받아들이는 사람의 태도 때문이다. 좋은 기회를 잡기 위해서는 긍정적으로 보아야 한다. 그래야 기회를 내 것으로 만들 수 있고, 작은 기회도 크게 보이게 된다.

우리나라의 대표적인 치킨 프랜차이즈 BBQ를 창업한 윤홍근 회장은 창업 2년 만에 최대 위기를 맞았다. '위기는 위험과 기회의 줄임말이다'를 좌우명으로 삼았던 윤 회장은 위험은 버리고 기회만 선택하면 위기를 기회로 바꿀 수 있다고 생각했다. 그는 IMF로 인하여 경제가 어려울 때, 외식 습관이 있는 사람들은 경제 사정상 값싼 닭고기를 선택할 것이라고 판단하고, 지금이 기회라고 생각했다.

윤 회장은 이 기회에 공격적인 마케팅을 펼쳐 '치킨' 하면 BBQ가 떠오르는 1등 브랜드로 만들어야겠다고 결심했다. 우선 모든 가맹점 사장들에게 함께 힘을 합쳐 위기를 극복하자는 메시지를 전달하고 희망과 용기를 심어주는 데 주력했다. 그는 30% 정도 인상된 원가를 소비자가격 인상으로 메우지 않고 BBQ 본사가 10%, 가맹점이 10%, 나머지 10%는 닭고기 공급업체인 '마니커'가 각각 이익을 포기함으로써 3분의 1씩 분담하자고 하였다. 그리고 매출이 부진한 10개 점포에 대해 BBQ 본사는 매월 100만 원씩 지원하는 특단의 조치도 병행했다. BBQ는 3자 고통분담 대응책으로 6개월 이상을 가격인상 없이 버텨냈다.

윤 회장은 여기서 그치지 않았다. 경기가 어려워져 전체적으로 매체 광고가 줄어들자 광고비가 대폭 인하된 상황을 이용했다. 적은 비용으로 광고할 수도 있고, 경쟁 업체들은 광고를 하지 않는 쪽으로 방침을 내렸기 때문에 오히려 광고 효과가 클 것이라고 생각한 것이다. 그는 TV 광고를 대대적으로 늘려 잡았고, 광고를 접한 많은 소비자들은 BBQ 치킨을 찾았다. 위기 경영의 역발상은 대성공이었으며, 전국에서 BBQ 가맹점을 열겠다는 문의가 쇄도했다. 그 결과 가맹점은 1998년 3월 500개를 넘어섰으며 국내 굴지의 외식업체로 성공하기에 이르렀다.

일반적인 경우 IMF로 인한 경기의 어려움을 위기라고 생각하고 소극적으로 대처한 회사들은 경영난에 허덕였을 것이다. 그러나 윤 회장은 이 위기를 절망이라 생각하지 않고 기회라고 생각하였다. 남들이 위기라고 생각한 것을 긍정적인 마음으로 보았기 때문에 위기 속에서도 기회가 보였던 것이다.

윤 회장의 성공비결은 기회를 기다린 게 아니라 긍정적인 마음으로 위기를 기회로 만든 데에 있었다. 기회를 만들기 위해서 남들이 소극적으로 대응할 때 공격적인 마케팅을 감행한 것이다. 이처럼 기회는 똑같이 주어지지만 사람에 따라 위기도 되고 기회도 될 수 있다.

12

1%의 가능성에
기적이 있다

나폴레옹은 "불가능은 소심한 자의 환상이요, 비겁한 사람의 도피처이다."라고 말했다. 우리에게는 가능성도 불가능성도 모두 무한하다. 분명한 것은 가능성을 가지고 도전하여 얻는 실패는 유한하다는 것이다. 에디슨이 그랬고, 수많은 과학자들이나 발명가들이 많은 도전을 토대로 결국에는 성공을 얻어냈다. 이들은 실패의 무한점에 종지부를 찍고 유한한 실패를 만들어냈다. 이렇게 실패는 유한하지만, 가능성은 용기 있는 자와 도전하는 자에게 그 세계를 무한으로 열어준다.

사람들은 어떤 일이든 시작하기 전에 그 가능성과 불가능성을 점쳐보곤 한다. 성공하는 사람들은 불가능성에 대해 눈을 감고, 가능성이 1%라도 있다면 그 가능성을 염두에 두고 도전한다. 그것이 성공한 사람과 실패한 사람의 차이다. 어디에 무게를 두고 움직이는가,

가능성과 실패 중 어느 쪽을 더 의미 있게 생각하느냐에 따라 성공은 결정된다. 당신이 불가능성에 무게 중심을 둔다면 99%의 성공 가능성 앞에서도 무릎을 꿇고 실패하게 될 것이다. 하지만 가능성에 무게중심을 둔다면 기적적인 1%의 성공 가능성도 실현시킬 수 있을 것이다.

우리는 시작도 하기 전에 현실과 타협하려는 버릇을 버려야 한다. 안 될 것 같다는 생각이 들면 시작하자마자 바로 포기하는 무가치한 습관은 버리고 실천에 대해 생각해 보자. 고민은 행동으로 옮기기 전에 하는 것이다. 행동하기로 결심했다면 고민하기보다는 움직이고, 결과를 내기 위해 행동해야 한다. 단 1%의 가능성만 있어도 어떤 기회보다 큰 기회로 만들 수 있다. 많은 사람들이 안 될 것이라 생각하고 포기하는 일에서 당신은 당신만의 기회를 만들 수 있는 것이다.

오늘부터 불가능하다는 말 자체를 당신의 마음에서 지워라. 희박한 가능성이 보인다면 도전하여 그 속에서 당신만을 위한 기회를 발견하길 바란다. 시간이 1분밖에 남아 있지 않은 마지막 순간에도 끝까지 최선을 다해야 한다. 당신이 돌아서는 그 뒤에, 당신이 포기한 그 순간에 기회가 기다리고 있다. 분명 기회는 마지막까지 최선을 다하는 사람의 것이다.

13

'머피'를 '샐리'로
바꿔라

모든 일이 잘되는 날 거울을 보면 나의 모습이 어느 때보다 자랑스럽고 멋있어 보이는 경험을 누구나 갖고 있을 것이다. 그러나 하는 일마다 안 풀리거나 어려울 때 거울을 보면 나의 모습이 한없이 바보 같거나 초라해 보이기도 한다. 행운도 마찬가지이다. 일이 잘 풀리면 행운이 자꾸 찾아들지만, 일이 잘 안 풀리면 불행이 겹쳐 찾아온다.

행운은 사실 항상 같은 얼굴로 우리 주변에 가까이 있다. 하지만 우리는 행운이 가까이에 있다는 생각을 하지 못한다. 그래서 일이 잘 안 되고 우울한 마음이 들면 행운이 너무 멀리 있는 것처럼 느껴진다. 일이 잘되고 즐거운 마음을 가지면 행운이 가까이에 있어서 계속 나를 찾아오는 것처럼 느껴진다. 그것은 머피의 법칙Murphy's Law, 샐리의 법칙Shally's Law과 같은 것이다.

머피의 법칙은 미국의 항공기 엔지니어였던 머피가 1949년에 발견한 인생법칙으로, '잘못될 가능성이 있는 것은 어김없이 잘못된다'는 의미를 담고 있다. 이것은 생활 속에서 나쁜 일은 겹쳐서 일어난다는 '설상가상'과 함께 자주 인용되는 말이다. 예를 들어 새 옷을 입었는데 집 밖을 나서자마자 흙탕물이 튀어 옷을 버리고, 버스를 놓치고, 약속에 늦는다. 머피의 법칙은 이유도 알 수 없이, 자기가 바라는 대로 일이 이루어지지 않고 나쁜 방향으로만 전개되어 낭패를 당하는 경우라 할 수 있다.

'샐리의 법칙'은 미국 영화 「해리가 샐리를 만났을 때^{When Harry Met Sally}」에서 차용된 말이다. 이 영화는 여주인공 샐리가 우여곡절 끝에 진정한 사랑을 찾게 되는 해피엔딩의 이야기다. '잘될 가능성이 있는 일은 항상 잘된다'는 의미로, 생활 속에서 우연히 좋은 일이 겹쳐서 일어나는 경우에 인용되는 말이다. 예를 들어 집을 나서자마자 버스가 대기하고 있고, 정확한 시간에 약속장소에 도착했는데 새 옷이 멋있다는 칭찬을 받고, 계획했던 사업들이 아주 잘 풀리는 경우가 그러하다. 이처럼 샐리의 법칙은 행운이 찾아온 것처럼 자기가 원하는 대로 일이 이루어지는 경우에 쓰는 말이다.

행운이 항상 주변에 있는데 우리가 느끼기도 하고 못 느끼기도 하는 것은 사람의 마음이 일관되지 못하기 때문이다. 행운이 항상 주변에 있다는 생각으로 밝은 미래를 생각한다면 우리의 미래는 절대로 우울하지 않을 것이다. 우리가 우울한 것은 행운이 주변에 없다고 우리 스스로 생각하기 때문이다.

결국 행운과 불행은 같은 것이다. 느끼는 사람에 따라서 행운이 가까이 있다고 생각하면 샐리의 법칙으로 나타나고, 멀리 있다고 생각하면 머피의 법칙으로 나타날 것이다.

행운을 얻고 싶다면 그 행운을 느끼기만 하면 된다. 나의 주변에 늘 행운이 감돌고 있다고 느낄 때 활기가 넘치고 자신감도 생겨난다. 나의 행동이 활기차고 자신감으로 가득하게 되면 주변 사람들이나 둘러싼 모든 환경이 좋게 바뀐다. 그것이 행운을 불러들이는 방법이다. 이제부터 내 주변에 어떠한 행운이 있는지 찾아보자.

14

9,999번의 도전 끝에
얻은 행운

인생은 도전의 연속이다. 도전 앞에는 승리도 있고 실패도 있다. 승리는 결코 우연의 산물이 아니요, 요행(僥倖)의 결과는 더욱 아니다. 그것은 곧 피눈물 나는 노력과 도전의 결정이요, 끊임없는 투쟁의 소산이다.

몽골제국을 건국한 칭기즈칸은 자신이 한계를 딛고 일어섰을 때 비로소 '테무친'이라는 평범한 아이가 아닌 위대한 황제가 될 수 있었다고 말했다. 한계는 누가 세운 것이 아니라 자기가 만든 벽이며 자신이 한계를 만들지 않으면 모든 것이 가능할 수 있다.

사람들이 도전하기를 싫어하는 것은 실패를 두려워하기 때문이다. 도전은 행운을 갖기 위한 필수적인 과정이다. 도전하지 않으면 행운은 거저 얻을 수 없다. 도전이란 항상 50대 50의 확률에서 시작한다. 인생에 50%의 승률은 매우 높은 것이다. 이렇게 높은 승률을 스스로 포기한다는 것은 어리석은 짓이다. 도전에서 성공하지 못한다 해도 그로 인해 우리의 삶이 구렁텅이에 빠지거나 모든 것을 잃는 것은 아니다. 그런데 우리는 단지 실패할지도 모른다는 두려움을 극복하지 못한다. 실패는 인생을 살아가는 데 중요한 경험이 되며, 똑같은 실수를 하지 않게 하는 기회이기도 하다. 도전하지 않으면 우리는 소중한 경험마저 가질 수 없게 된다.

우리가 잘 알고 있는 토마스 에디슨도 수없이 많은 실패 속에서 행운을 만들었다. 에디슨은 살아 있는 동안 1,093개의 발명품을 남겼으며, 아이디어 기록 노트만 해도 3,400권이나 된다. 그는 수많은 발명을 위해서 수백만 번의 실패를 거듭했다. 그의 발명이 우연이 아니라 도전의 연속임을 알게 해주는 일화가 있다.

그는 전구를 완성하기 위해 실험을 하다가 9,999번이나 실패했다. 그때 한 친구가 "자네는 실패를 1만 번 되풀이할 작정인가?"라고 물었다. 그러자 에디슨은 "나는 실패를 거듭한 게 아니야. 그동안 전구를 발명할 수 없는 법을 9,999번 발견했을 뿐이야."라고 대답했다. 전구의 발명이라는 성공은 결국 연속된 도전이 있었기 때문에 얻은 행운이었다.

에디슨은 자기가 특별한 사람이 아니며, 다른 사람들이 게으른 것이 문제라고 했다. 그는 매일 16시간 동안 일했으며, 60세를 넘어서도 실험에 열중하였다. 그는 사람들이 귀중한 시간을 잠자는 데 너무 많이 낭비한다며 안타까워했다. 실제로 그는 식사시간도 아까워 식사량까지 줄일 정도였다. 그런 에디슨에게도 위기는 있었다. 자신의 연구소에 화재가 발생하여 개발 중이던 모든 것을 잃은 것이다. 그러나 그는 좌절하지 않았다. 자신이 포기하는 것만이 최악의 위기라고 생각하고 다시 처음부터 도전하여 재기에 성공했다.

어린아이들은 실패가 무엇인지 모른다. 그렇기 때문에 무엇이든 행동으로 옮겨서 빨리 배운다. 그런데 어른이 되면 실패에 대한 두려움이 많아져서 기회가 왔을 때 스스로 포기하는 경우가 많다. 불가능하다고 생각되는 일은 실제로 불가능해서가 아니라 자신이 세워둔 벽 때문이다. 도전해보라. 그럼 행운은 반드시 찾아온다.

15

실패는 항상 꼬리에
성공을 달고 온다

카베트 로버트는 "삶의 집은 아무 것도 하고 있지 않으면 지어지지 않는다. 삶의 집을 짓는 데 사용할 수 있는 유일한 재료는 적극적인 행동이라는 점을 잊지 말라."고 했다. 아무리 좋은 기회가 찾아온다 해도 적극적으로 행동하여 그 기회를 잡으려 하지 않는다면 기회는 기다려주지 않고 그냥 스쳐 지나갈 것이다.

 적극적으로 행동하는 사람들을 살펴보면, 자신의 의사표현을 분명하게 하여 상대방에게 본인의 뜻을 정확히 전달한다. 그리고 사람들은 어떤 상황이 벌어졌을 때 의사표현을 정확하게 한 사람을 떠올리고 그에게 기회를 제공한다. 즉 적극적으로 행동하는 사람들은 본인이 무엇을 원하는지를 정확하게 표현함으로써 기회를 포착하는 것이다. 겸손하고 나서기를 싫어하며 눈치만 본다면, 언제나 당신이 아닌 다른 사람에게 성공의 기회가 돌아갈 것이다. 할까 말까 망설이는 동안 기회는 이미 당신을 떠난다.

그리스의 신화 유적지 중 어느 곳에 희한한 모습을 한 동상이 있다. 이 동상의 앞머리는 무성하고 숱이 많고 뒷머리는 완전히 대머리이며, 발에는 조그만 날개가 달려 있다. 그 동상 밑에는 이런 글귀가 적혀 있다.

"나의 앞머리가 무성한 이유는 사람들로 하여금 내가 누구인지 금방 알아차리지 못하게 함이요, 또 나를 발견했을 때는 나를 쉽게 붙잡을 수 있도록 하기 위한 것이며, 뒷머리가 대머리인 이유는 내가 지나가고 나면 다시는 나를 붙잡지 못하도록 하기 위함이며, 내 발에 날개가 달린 이유는 최대한 빨리 사라지기 위해서이다. 나의 이름은 바로 기회이다."

이와 같이 기회는 적극적으로 행동하지 않으면 붙잡을 수 없고 눈 깜짝할 사이에 사라져버린다. 한계상황이 왔다고 느껴 더 이상 나아갈 수 없다는 생각이 들 때, 오히려 당신의 적극적인 행동이 절실하다는 것을 인식해야 한다. 그때가 바로 새롭게 시작할 기회라는 것을 의심하지 말라. 실패했을 때가 기회라는 것을 잊지 말고, 실패해도 다시 작은 일부터 시작하여 적극적인 행동을 생활화하기 바란다.

실패는 항상 꼬리에 성공을 달고 온다. 보통 사람들은 실패 뒤에 오는 성공을 볼 수 있는 능력이 없다. 그런 능력이 있다면 실패로 좌절하거나 포기하지 않을 것이다. 하지만 실패가 성공을 감추고 나타난다는 사실을 깨우친다면 누구든 실패에 절망하지 않고 적극적으로 도전할 수 있을 것이다. 성공한 사람들이 말하듯이, 실패를 두려워하기보다는 적극적으로 도전하지 못하는 용기 없음을 두려워하기 바란다. 적극적인 행동을 실천하기 위한 몇 가지를 다음과 같이 소개한다.

적극성을 위한 행동

1. 남들보다 먼저 인사를 한다. 처음에는 창피하다거나 부끄럽다는 생각으로 말문이 쉽게 열리지 않겠지만 의식적으로 먼저 인사하고 손을 내밀어보라.

2. 항상 책상 위에 거울을 준비하라. 텔레마케팅을 하는 사람이나 영업을 하는 사람들의 책상 위에는 모두 거울이 있다. 보이지 않는 고객을 대할 때도 긍정적인 표정을 짓기 위해서이다. 거울을 앞에 두고 항상 표정과 제스처를 연습해 보라.

3. 메모하라. 소극적인 사람들은 다른 사람들 앞에 서면 말문이 막히고 무슨 말을 언제 어떻게 해야 할지 몰라 당황하고 그래서 더욱 소극적으로 변한다. 오늘부터 항상 메모를 하자. 만날 사람에 대해 무슨 말을 할 것인지 미리 메모를 하면서 정리해 보고, 좋은 명언이나 격언도 메모했다가 사용한다면 좀 더 적극적으로 행동할 수 있을 것이다.

4. 항상 자기 암시를 하라. 마르쿠스 아우렐리우스는 "우리 인생은 우리의 사고에 의해 만들어진다."라고 하였다. 항상 '할 수 있다', '가능하다', '충분히 해낼 수 있다'는 긍정적인 암시를 반복하라.

5. 제스처를 좀 더 과장되게 취해 보라. 소극적인 사람들은 본능적으

로 자기방어적인 태도를 취한다. 그러므로 손을 흔들 때도 좀 더 크게 흔들어보고 말을 할 때도 목소리에 힘을 주고 이야기를 해보라. 그것만으로도 벌써 자신감이 충만해질 것이다.

이런 연습을 하다 보면 다른 사람들 앞에서 좀 더 적극적으로 행동할 수 있게 될 것이다. 적극적인 사람들과 소극적인 사람들의 차이는 행동에서 찾아볼 수 있다. 적극적인 사람들은 목표를 두고 그 목표를 향해서 전진하면서 나아간다. 하지만 소극적인 사람들은 인생의 목표가 없다. 단지 과거와 현실에서 제자리걸음을 하거나 과거 속에서 살아간다. 그러므로 당신은 인생의 성공을 위해 도전하는 진취적인 행동으로 기회를 잡아야 할 것이다.

제6장

이직 성공을
위한
5가지 전략

●

무슨 일이든 위험요소를 최소화하고 성공확률을 높이기 위해서는 전략이 필요하다. 불확실성으로 가득한 시대일수록 효과적인 전략의 수립과 실행은 그 어느 때보다 중요하다. '이직'이라는 것에도 변화와 불확실성으로 가득한 경영환경에 따른 기본적인 성공전략이 있다.

기업은 고객의 욕구에 따라 움직이고 있다. 각종 매체를 통해 제공되는 방대한 정보들은 고객의 다양한 기호와 요구를 충족시키기 위한 노력이다. 기업은 끊임없이 변화하는 고객의 요구에 완벽하게 대응할 수 있는 제품을 만들고자 하고, 그러한 능력을 발휘할 수 있는 직원을 채용하려고 한다.

직원은 고객의 새로운 욕구를 파악하고 분석하기 위해 항상 새로운 노력을 해야 한다. 지금은 소비 환경이 빠른 속도로 변화되고 있기 때문에 과거의 방식대로 고정된 시장을 대상으로 계획을 수립하고 실행해서는 안 된다. 기업이 원하는 일을 수행하려면 항상 새로운 패러다임에 적응할 준비를 해야 한다. 결국 구직자가 배워야 할 가장 중요한 성공전략의 요건은 바로 '변화'이다. 기업으로 하여금 끊임없이 새로움을 추구하게 만드는 '변화' 그 자체를 최선의 전략으로 받아들여야 한다.

1

1단계 : 준비

제조업체 마케팅 담당이었던 홍기훈 대리³⁴세는 자신의 직장이 중소기업이라는 사실이 불만이었다. 직장에서 인정받고 사우관계도 좋았지만 '중소기업'이라는 딱지에 자신이 위축되는 느낌을 떨칠 수 없어 이직하기로 결심했다. 결국 2006년 초 국내 굴지의 정보통신 업체에 입사했지만 최근 회사를 옮긴 것을 후회하고 있다. 입사 후 그가 담당한 일은 인사관리팀에서 내부직원들의 교육 프로그램을 조정하는 업무였다. 자신에게 맞는 일은 사람을 만나고 상품을 소개하는 일인데, 새로 옮겨 간 대기업에서 자신의 능력을 인정받기가 쉽지 않다는 것을 절감한다는 것이다.

이 경우 분명한 목표 없이 이직한 결과가 어떠한지를 알 수 있다. 직장인들이 성공적인 이직을 꿈꿀 때 반드시 기억해야 할 점은 '왜 떠나고자 하는가이다. 누구나 직장을 떠날 이유는 있다. 하지만 스스로에게 '직장을 떠나야 하는 이유를 200자 원고지에 압축해서 한 장으로 요약하라'고 하면 선뜻 명쾌하게 써내질 못한다. 이것은 분명한 이유가 없기 때문이다. 왜 떠나는지가 분명해야 앞으로 가는 길을 찾을 수 있다. 메뚜기처럼 이 직장 저 직장을 옮겨다니는 것은 현실도피에 불과하며, 장기적으로 자신의 경력에 아무런 도움이 되지 못한다.

2

2단계 : 분석

모 유통회사 영업관리부 J과장은 금융위기가 내수경기에까지 영향을 끼친다는 문제로, 매일 비상 대책회의와 전략회의를 하고 있다. 회의와 야근을 반복하고 있지만 뚜렷한 해결책을 찾지 못하고 있다. J과장은 쓸만한 대책을 내놓지 못한다면 자신의 입지가 흔들릴 것이라고 생각한다. 신규사업팀 A대리는 신사업 동력을 찾기 위해 투자하기로 예정되었던 자금이 최근 반 토막이 났다. 게다가 최근 기획전략실로부터 사업계획에 대한 자료와 사업타당성 리포트 요청이 잦아졌다. 하반기 구조조정이 있을 거라는 소문 때문에 일도 손에 잡히지 않는다.

　세계 금융위기는 국내 금융위기는 물론 내수 침체로 이어지며, 취업 준비생이나 재직 중인 경력자들에게도 위기감을 주고 있다. 최근의 이런 불안한 상황에서 헤드헌터를 찾는 경력자들이 늘고 있다. 그러나 당장의 이직만을 염두에 두고 헤드헌팅사를 찾기보다 장기적인 커리어플랜을 가지고 헤드헌터와 만나야 한다. 실제 이직 성공사례를 면밀히 분석하여 '헤드헌터를 만나기 전 준비사항 4가지'를 정리했다.

이직의 원인을 정의하라

이직하려는 결정적 동기가 무엇인지 정리하라. 얼마 전 경력관리 및 고급인재 헤드헌팅 전문기업이 헤드헌터 50명을 대상으로 조사한 바에 따르면, 헤드헌터가 빠뜨리지 않고 물어보는 질문 중 베스트 1이 '이직 동기가 무엇입니까?'였다. 가장 일반적인 질문임에도 불구하고 많은 후보자들이 이직 동기가 무엇이냐는 질문에 제대로 답하지 못한다고 한다. 이 질문에 대해 '옮길 때가 된 것 같아서', '재직 중인 회사가 불안해서', '지금 함께 일하는 상사나 동료가 마음에 들지 않아서'라는 부정적이고 현실도피적인 답변이 대부분이었다. 이러한 답변보다는 이직을 희망하는 회사에 대한 강렬한 애정과 자신의 의지를 밝히는 것이 중요하다.

자신의 경력을 점검하라

자신의 대표적인 성공사례를 수치화하라. 경력자가 직장을 옮길 때 가장 중요한 것은 자신의 전문분야에 대한 경력이다. 그 경력 중에서 성과가 있었던 사례를 예로 들면 헤드헌터의 주목을 받을 수 있을 것이다. 이때 유의할 것은 계량화하여 정리하는 것이 좋다. 기획이나 지원업무와 같이 수치화하기 어려운 직무이더라도 가급적이면 성과에 대한 부분을 명료하게 표현하는 것이 좋다. 그러기 위해서 평소에 자신의 경력에 대해 꼼꼼하게 정리해 두고, 대표적인 성공사례를 기록해 두는 것이 도움이 된다.

커리어를 높이는 이유는 두 가지로부터 시작한다. 하나는 현재의 직장에서 능력을 인정받아 오래 다니기 위해서, 다른 하나는 새로운 직장이나 일을 구하기 위해서이다. 전자처럼 단순히 살아남기 위해 커리어를 높이려는 사람들은 위기의식이 없기 때문에 수동적이 되기 쉽다. 수동적으로 자신을 계발하는 일이 과연 자신의 성장과 발전에 도움이 될까? 지금은 필사적인 자세로 능동적인 자기계발을 해도 일자리를 구하기 어려운 세상이다. 소극적인 자세를 탈피하지 않으면 결코 필사적으로 자기계발을 하는 사람을 이길 수 없다.

앞으로 개인의 정년이 단축되어 가는 상황에서 성장을 위한 전직은 더 이상 회사에 대한 배신 행위가 아니라 경력을 관리하는 한 방법일 수 있다. 그러기 위해서는 지금 직장이 안정되었다고 해서 만족하지 말고 퇴사 후의 미래를 생각해서 전략적인 경력관리를 해야만 한다. 따라서 회사에 오래 남아 있기만을 바라는 것은 어리석은 짓이다. 이미 회사에 들어간 순간 퇴사는 결정된 것이나 마찬가지다. 다만 근무 기간의 차이만 있을 뿐이다. 진정 커리어를 높이려는 사람은 현재의 직장에 최선을 다하면서도 그에 만족하지 않고 더 나은 자신의 미래를 위하여 경력을 개발하고자 하는 사람이다.

지금 직장인들은 지속적이고도 주도면밀한 경력 개발로 항상 최상의 능력을 발휘해야 한다. 기업은 변화하는 조직에 발맞출 수 있는 인재만을 고용하기 때문이다. 언제가 될지 모르는 퇴직을 위해 미리 준비해 둘수록 퇴사 후의 삶은 희망적이다. 아무 준비를 하지 않은 상태에서 퇴사하게 된다면 내팽겨진 처지가 되어 새로운 시장에 진입하기 위해 준비할 여유조차 가질 수 없다. 실제로 직장을 다니고 있을 때는 자기계발을 위해 다양한 노력을 할 수 있지만 직장을 다니지 않는 상태에서는 시간의 여유가 있음에도 불구하고 자기계발에 집중하기가 어렵다. 자신감도 떨어지는 데다 당장 해결해야 하는 경제적인 문제 때문에 먼 미래를 볼 수 없는 것이다.

이제 우리는 눈을 크게 뜨고 우리의 미래 사회를 읽어야 한다. 평생직장이 아닌 평생직업에 종사하겠다는 각오로 경력을 개발하지 않으면 심한 퇴직 후유증을 앓아야 한다. 여러분은 어떤 길을 선택하겠는가? 지금 자신감 있게 자기계발을 시작할 것인가, 아니면 막막한 상태에서 자기계발을 시작할 것인가?

자기탐색을 하라

새로운 직업을 갖기 위해서 자기탐색은 매우 중요하다. 지금까지 자신의 업무 능력을 검토하여 가장 확실한 직업적 특성을 파악하는 것 자체가 경력관리의 시작이다. '아무 직장이나 취업해서 열심히 일하면 되지 않을까?' 하고 생각하는 것은 위험하다. 성공하기 위해서는 좀 더 열정적으로 일할 수 있는 자신의 직업적 특성을 알아야 한다. 자신에 대한 탐색이 제대로 이루어지지 않으면 직업을 가진다 해도 적성에 맞지 않아서 금방 그만두게 될 것이다. 잦은 전직 경험은 자신이 한 직장에 적응하지 못한다는 사실을 인사 담당자들에게 알리는 결과를 낳는다. 자기탐색 과정에서는 자신의 성격, 흥미, 가치관 등을 토대로 점검해야 한다.

● 개인의 자아정체성 확립

개인이 비전을 세운다는 것은 자아정체성 확립을 바탕으로 한다. 자아정체성 확립은 한 개인이 자기 자신에 대한 정확한 판단과 인식을 함으로써 이루어진다. 자신에 대한 정확한 분석을 바탕으로 자아정체성을 확립하지 않으면 허황된 비전을 만들 수 있다.

우선 '나는 누구인가'에 대한 문제부터 생각해 보고, 다음으로는 '나는 무엇을 하고 싶은가', '앞으로 어떻게 살 것인가'에 대한 분석이 이루어져야 한다. 이것은 자신의 자아개념을 구조화시키고 자신의 개성과 장점을 발견하게 한다. 자아정체성이 확립된 사람은 자신의 가치를 알기 때문에 안정감 있게 비전을 수립할 수 있다. 그러나 확고한 자아정체성이 없는 사람은 자신의 역할에 대한 혼란 때문에 비전을 수립하기 어렵다. 또한 자신의 상황을 망각하고 극단적 이상주의와 현실부정, 현실도피 경향, 그로 인한 자기 부정과 사회 부정을 띠게 된다.

● 개인의 스와트 분석

자기 자신을 정확히 알기 위해서는 자신의 상태와 환경을 종합적으로 분석해야 한다. 그러나 주관적인 분석은 자신을 엉뚱한 쪽으로 이끌 수 있다. 객관적으로 분석하고자 할 때 필요한 것이 스와트^{SWOT} 분석이다.

스와트란 원래 마케팅에서 주로 사용하는 방법으로, 자신의 강점 Strength, 약점Weakness, 환경의 기회Opportunity, 위협Threat을 뜻하는 영어 단어에서 머리글자를 딴 것이다. 스와트 분석은 단어의 뜻 그대로 자신의 능력에 대하여 강점과 약점을 분석하고 환경의 기회와 위협 요인을 분석하는 것이다.

첫 번째 요인인 자신의 강점 요인을 파악하기 위해서는 나의 장점은 무엇인가, 나의 가치는 높은가, 경제적으로 여유가 있는가, 시간적으로 여유가 있는가, 나의 능력은 무엇인가, 나의 재능은 무엇인가, 내가 잘하는 것은 무엇인가 등을 분석하는 것이다. 반대로 나의 단점 요인은 강점 분석사항 중에서 그렇지 못한 부분을 분석하는 것이다.

보통 사람들은 자신의 장점이 무엇인지 잘 모르는 반면 단점은 잘 알고 있다. 이것은 한국의 뿌리 깊은 유교사상에서 비롯된 겸손의 미덕 때문이 아닐까 싶다. 이 책을 읽고 있는 당신의 장점은 무엇인가? 자신의 장점에 대해 가장 많이 생각할 때는 아마도 취직을 하기 위해 자기소개서를 쓸 때가 아닐까 싶다. 그 외에는 살면서 자신의 장단점에 대해 생각할 기회가 별로 없다.

자기소개서를 쓸 때 우리는 자신의 장점에 대해 잘 알지 못한다는 것을 깨닫게 된다. 장점이란 자신이 다른 사람에게 보이는 좋은 모습이 아니다. 자신이 느끼고 일을 하는 데 있어서나 생활을 하는 데 있어서 좀 더 자신 있다고 느끼는 점이다. 자신에게는 장점이라고 생각 되는 부분이 다른 사람에게는 단점일 수도 있다. 또한 모든 일에서 장 점이 다 발휘되지는 않는다. 자신의 장점에 맞고 적성에 맞는 일을 선 택할 때 더 많은 성과와 기회를 얻게 될 것이다.

두 번째 요인인 '기회'를 분석하는 것은 사회변화는 어떤가, 회사의 발전가능성은 어떠한가, 자신이 하는 일의 전망과 동향은 어떠한가 등 자신에게 찾아온 기회 요인을 분석하는 것이다.

세 번째 요인인 '위협'은 기회 요인 중에서 그렇지 못한 부분을 분석 하는 것이다.

: SWOT분석의 예

Strength(강점)	Weakness(약점)
내가 일반적인 지식을 많이 안다. 잡기에 능하다. 무엇이든 붙들면 끝장을 본다.	직장을 다녀 시간이 부족하다. 인간관계가 원만하지 않다. 전문분야에 대한 지식이 깊지 않다.
Opportunity(기회)	Threat(위협)
회사에서 나와 같은 전문가에 대한 요구 증가 회사가 계속적으로 발전하고 있다. 내가 맡은 분야가 더욱 비중이 높아졌다.	회사 내에서 직위가 위태롭다. 새로운 기술의 보급으로 내가 밀려나고 있다. 승진시험이 곧 있다.

나의 강점과 약점, 환경의 기회와 위협을 대응시켜 나의 목표를 달 성하려는 스와트 분석을 통해 세울 수 있는 전략의 종류와 특성은 다음과 같다. ① SO전략^{강점-기회전략}:환경의 기회를 활용하기 위해 강점 을 사용하는 전략을 선택한다. ② ST전략^{강점-위협전략}:환경의 위협을 회 피하기 위해 강점을 사용하는 전략을 선택한다. ③ WO전략^{약점-기회전략}:

약점을 극복함으로써 환경의 기회를 활용하는 전략을 선택한다. ④ WT전략 약점-위협전략 : 환경의 위협을 회피하고 약점을 최소화하는 전략을 선택한다.

스와트 분석 결과 얻어진 것 중에서 전략을 도출하고, 도출된 전략 중 목적달성의 중요성, 실행가능성, 차별성을 고려하여 성공할 확률이 많은 것을 중점 전략으로 선정한다. 자신과 환경에 대한 분석은 현재 자신의 위치, 더 알아야 할 지식, 가져야 할 목표를 확인하는 데 도움이 된다.

자신의 능력이나 상황을 넘는 목표는 당신을 쉽게 지치게 하고, 자신의 능력에 모자라는 목표는 당신을 나태하게 만든다. 자기가 원하는 목표를 달성하도록 자신을 바로 도와주는 도구가 바로 자신에 대한 정확한 분석이라고 생각해도 좋다. 정확한 분석은 정확한 목표를 만들어주며, 목표를 달성하려는 의지를 더욱 효과적으로 만들어줄 것이다. 그러다 보면 여러분들은 어느새 원하는 비전을 세울 수 있게 될 것이다.

직장인들은 불안감이 높아질수록 자신들의 업무에 매진하지 못하고 잠재능력을 발휘하지 못한다. 꼭 이직을 염두에 두지 않더라도 경력자라면 주기적인 자기진단을 통한 커리어 업그레이드가 요구된다. 객관적, 전문적인 경력관리를 바란다면 커리어 코치의 도움을 받아보는 것도 좋다.

3

3단계 : 계획

이직의 목적이 분명해졌다면 먼저 언제, 어떠한 방법으로 이직할 것
인지 계획을 세워보아야 한다.

유종의 미를 거두어라

언제 어떤 방식으로 그만두는지는 경력에 매우 중요한 영향을 미치
므로 회사를 떠날 때는 유종의 미를 거둬야 한다. 아무리 열정을 다
해 일을 했다 하더라도 마지막 떠나는 모습이 깔끔하지 못하면 그 사
람은 무능력하고 책임감 없는 사람으로 기억될 뿐이다. 전 직장에서
의 평가는 한 번의 평가로 끝나는 게 아니다. 다음 직장으로까지 이
어져 그 사람의 가치를 평가하는 기준이 되기도 한다. 이직을 결정했
다면 지금 당장 처리하고 있는 업무들을 어떻게 어떠한 방식으로 인

수인계할 것인지 계획하고, 이직 의사를 언제 상부에 보고할 것인지 계획하라. 맡은 프로젝트가 있다면 언제 마무리될 것인지를 고려하여 그 프로젝트를 어떠한 방법으로 다음 직장에 어필할 것인지를 생각해 보아야 한다.

인맥을 체크하라

인맥은 사회생활에 있어서 가장 큰 자산이다. 경력직의 채용은 대부분 수시채용으로 진행하는 기업이 많아 채용정보를 알기 어렵다. 최근엔 '사내 추천제' 등으로 인맥을 통해 직원을 채용하는 기업이 늘고 있어서 이력서를 제출할 기회조차 없는 경우도 많다. 이직을 결심했을 때, 도움이 될 만한 정보를 가진 사람들이 주변에 있다면 많은 도움을 받을 수 있다.

인맥 관리란 자신에게 우호적인 인맥만을 말하는 것이 아니다. 이직을 하기로 결심했다면 비우호적인 인맥을 개선해 둘 필요가 있다. 노력해 보았지만 좋은 성과를 얻지 못한다 해도 떠나기 전 작은 선물과 함께 편지로 감사하다는 메시지를 전하라.

계획을 세우기 위한 핵심 성공요소를 파악하라

계획을 세우기 위해서는 핵심 성공요소가 무엇인지를 파악해야 한다. 어떠한 계획이냐에 따라 공부가 될 수도 있고, 돈이 될 수도 있기 때문에 다양한 접근방법을 고려해야 한다. 접근방법이 결정되면 성공하기 위한 핵심요소가 무엇인지를 파악해야 한다. 성공을 위한 핵심요소에는 인맥, 노력, 경력이 있다. 이러한 접근방법과 핵심요소가 결정되면 다음은 어떻게 실행할 것인가의 문제를 선정해야 한다. 어떻게 실행할 것인가는 최선을 다할 것인가, 대충 할 것인가, 때를 기다릴 것인가, 지금 할 것인가 등이 있다.

계획 실천을 위한 장애요인을 제거하라

계획을 실천하기 위해서는 장애요인들을 최대한 제거해야 한다. 최선을 다하지 않으면 목적을 달성할 수 있어도 최고는 될 수 없다. 내가 계획을 실천하는 데 장애물이 되는 단점이나 한계 등을 제거하자. 한 가지 일에 집중하지 못한다든지, 자신감이 결여되었다든지, 실천의지가 없다든지, 두려움이 있다든지 하는 실천적 장애요인을 제거하지 못하면 계획은 의미가 없다.

계획과 전략을 공유하라

계획과 전략은 주변에 있는 지인들과 공유하면 더욱 공고히 된다. 내가 세운 계획이지만 주변 사람들과 공유하면 그들과의 상호작용을 통해 애초에 가졌던 계획은 점차 확고해질 것이다. 전략을 공유하면 주변으로부터 일관성 있는 관심과 후원을 얻을 수 있어 계획을 실천하는 데 도움이 된다. 게다가 주변에서 전략을 같이하고자 하는 인맥들이 구성되어 내가 실천하고자 하는 계획에 도움을 받을 수 있다.

계획의 주기적인 평가는 성공을 빨리 이끈다

계획에 대한 주기적인 평가는 자신이 세운 계획이 일정한 기간이 경과한 뒤에 얼마나 달성했는가를 평가하는 것이다. 이러한 실천은 자신의 계획을 더욱 확고하게 만들 것이고, 계획이 공고해지면 성공에 이르는 길이 단축된다. 우선 자신이 설정한 측정기준에 따라 계획의 실행 정도를 종합적으로 평가함으로써 실행의 흐름을 파악할 뿐만 아니라 자신의 정신 자세, 환경의 변화 등 최종 목표를 실현하기 전까지 자신의 역량을 파악할 수 있게 한다. 이 평가는 지금까지 해온 전략 실행이 잘못된 방향으로 왜곡되고 있는지를 검토할 수 있게 한다.

비전 선언문을 만들어라

사람들은 성공을 원하면서도 자신의 목표가 정확하지 않은 사람들이 많다. 자신이 바라는 것을 정확하게 알지 못하면서 성공할 수 있을까? 당연히 목표가 정확하지 못하기 때문에 성공이 무엇인지 모를 것이다. 성공한 사람들의 특징을 보면 가장 중요한 것이 하나같이 비전을 크게 세웠다는 것이다. 단순히 '비전'을 세우는 것만으로는 목표하는 성공을 이룰 수 없다. 성공한 사람들은 가슴에 하나같이 비전의 강력한 성취 도구인 비전 선언문을 만들어 이를 실천했다.

당신의 비전 선언문 작성을 돕기 위해서, 다음과 같은 질문들을 드리겠다. 질문들을 통해서 명확한 계획을 세우길 바란다.

이런 질문들은 당신 미래의 비전선언문을 작성하는 데 도움이 될 것이다. 미래를 미리 볼 수 있는 눈을 가진 사람은 없다. 다만 미래를 꿈꿀 수 있는 능력은 가지고 있다. 무한한 상상을 하면서 앞으로 이루어나갈 바람직한 비전을 세워보기를 권한다.

비전 선언문을 세우는 데 정해진 공식은 없다. 인생 전체를 이끌 수 있는 생활신조로 비전 선언문을 만들 수도 있다.

: 생활신조로 만든 비전선언문

나는 반드시 성공한다.
나는 성공하기 위해 태어났다.
나는 한국에서 영향력 있는 지도자가 될 것이다.
오늘 하루는 나에게 마지막 남은 기회다.
나는 어떤 상황에서도 미리 포기하지 않는다.

오늘보다 내일은 두 배나 더 열정적으로 살 것이다.

한계는 내가 만들어낸 기준일 뿐이다.

내 행복은 나의 마음에서 나온다.

한 가지를 해서 실패하면 두 가지를 도전하자.

어려움을 극복하지 못하면 실패한다는 것을 인식하자.

언젠가 해야 할 일이면 지금 하자.

누군가 해야 할 일이면 내가 하자.

내가 해야 할 일이면 더욱 잘하자.

절망과 고통도 즐기면 행복이 된다.

내 꿈을 버리지 않는 한 내 꿈은 실현된다.

나를 욕하는 사람이 있으면 마음 아파하지 않고 더욱 노력한다.

내가 가는 길이 아무도 알아주지 않는 길일수록 값진 길이다.

나는 새로움에 항상 도전한다.

나는 과거보다 현재나 미래에 초점을 둔다.

나는 성공자이다.

위의 생활신조로 만든 비전 선언문은 필자가 성공을 기원하기 위해 만든 것이다. 매일 위의 선언문을 되뇌며 역량 개발을 위해 노력하고 성공을 향해 도전해 보라. 그리하면 당신의 잠재능력이 발견될 뿐만 아니라 생활 속에서 놀라운 변화가 일어날 것이다.

4

4단계 : 실행

사람들은 나이를 먹을수록 고정관념에 사로잡혀 사는 경우가 많다. 고정관념이란 사전적으로 '본인의 의도와 상관없이 의식이나 표상^{表象}에 거듭 떠올라 그 사람의 정신생활을 지배하고 행동에까지 영향을 미치는 관념'으로서 강박관념과 더불어 강박신경증의 징후인 경우도 있으나 반드시 병적인 것만이 아니라 정상적인 관념일 수도 있다. 요약해 보면 '본의가 아님에도 마음이 어떤 대상에 쏠려 끊임없이 의식을 지배하며, 모든 행동에까지 영향을 끼치는 것과 같은 관념'이라 할 수 있다.

고정관념은 가능한 것도 불가능하게 만든다는 말이 있다. 이 고정관념에서 벗어나야만 21세기를 이끄는 자리를 차지할 수 있다. 일을 할 때는 모든 가능성을 열어 두고 진행해야 하는데, 고정관념은 일의 진행을 방해하고 때로는 포기하게 만든다. 성공을 향한 기회를 만나기 위해서는 당신의 고정관념이 무엇인지 찾아내는 것이 급선무이다. 고정관념은 논리적 사고가 아니라 본인의 의지와는 상관없는 습관적 사고이다. 이 습관적 사고가 잘못된 선택을 하게 만들 때에는 신중하게 검토해 보아야 한다.

고정관념을 버리라고 하면 일반적으로 자신의 잘못된 행동을 고치려 한다. 고정관념이란 잘못된 사고로, 행동이 아니기 때문에 쉽게 고치기 어렵다. 행동은 고칠 수 있어도 잘못된 사고는 또 다른 잘못된 행동을 유발시킨다. 그러므로 잘못된 행동을 수정하기 전에 생각을 고쳐야 한다.

아이에게는 고정관념이 없다. 부모를 비롯한 어른들을 통해 고정관념이 형성되기 시작하는 것이다. 남자다움과 여자다움에 대해 규정해 주면 여자아이들은 공주와 왕자가 등장하는 동화책을 볼 것이고, 남자아이는 탐험이나 실험에 관한 책을 읽는다. 놀 때도 여자아이들은 인형놀이를 하고 남자아이들은 축구를 할 것이다. 고정관념에서 벗어나기만 하여도 우리는 당장 생활에서 많은 자유를 누릴 수 있다. 고정관념에서 벗어나기 위해서는 다음과 같은 몇 가지에 유의해야 한다.

지금까지 본 것을 버리고 다시 보라

한 가지 사물을 바라볼 때 우리에게는 이미 그 사물에 대한 고정관념이 있기 때문에 깊이 생각하지 않고 평소에 바라보던 그 눈으로 보게 된다. 투명한 유리잔에 채워진 검정색 액체를 바라보면 무엇을 떠올리는가. 콜라? 커피? 하지만 유리잔에는 간장이 채워져 있을 수도 있다. 수정과가 채워진 잔일 수도 있고 포도주스가 가득 채워진 잔일 수도 있다. 일상적인 생각을 벗어나 모든 가능성을 열어놓고 다시 한 번 생각해 보기 바란다.

입장을 바꾸어 생각하라

우리는 항상 자신의 입장에서 생각하고 말하고 행동한다. 상대방의 입장에서 생각해 보면 말뿐만 아니라 행동도 달라진다. 이것은 당신이 하는 일에 많은 기회를 만들어줄 것이다. 누군가 나를 이해해 주고 내 입장에서 이야기해 준다면 당신 또한 그 사람을 이해하려고 노력한다. 내가 먼저 그 사람 입장에서 생각하고 이야기하고 행동하면 새로운 시선에서 볼 수 있을 뿐만 아니라 관계 개선에도 효과가 있다.

아이가 되어라

주위에 아이가 놀고 있다면 그 아이를 유심히 살펴보라. 되도록 어린 아이가 좋다. 부모의 고정관념이 아이를 물들이지 않았을 테니 말이다. 아이들과 이야기를 해보면 무한한 그들의 상상력에 놀라게 된다. 때로는 허무맹랑하게 느껴지는 이야기도 들을 수 있을 것이다.

아이들에게는 고정관념이 없기 때문에 불가능이란 말을 모른다. 불가능이 무엇인지 모르는 아이들의 입장에서는 무엇이든 가능하고 무엇이든 믿는 대로 된다. 틀에 박힌 자신의 생각을 지우고 아이가 되어 창의력의 씨앗을 찾아내는 것은 사고 전환에 큰 도움이 될 것이다.

반대로 생각하라

지금 어떤 판단을 하였다면 그것과 상반되는 판단이 무엇인지 의식적으로 생각해 보라. 그 속에서 당신은 새로운 것을 느끼고 찾게 될 것이다. 아날로그 시대에는 정해진 순서가 중요했지만 디지털 시대를 살아가는 우리에게 정해진 순서는 별 의미가 없다. 한 번에 한 가지가 아니라 한 번에 여러 가지 일을 할 수 있기 때문이다. 틀을 깨고 사고의 폭을 무한대로 넓힌다면 당신은 360° 어느 방향으로든 볼 수 있다. 생각을 네모난 틀에 가두면 네모난 모양이 나오고 세모난 틀에 가두면 세모난 모양이 나온다. 모양이란 것을 만들어 담으려고 하지 말라. 지금 생각나는 모양을 바로 글로 적어보고, 말로 뱉어보고, 행동으로 옮겨라. 21세기는 생각하는 것, 상상하는 것을 이룰 수 있는 시대의 출발점이다.

업계 상황과 동종 연봉 동향을 파악하라

연봉 협상에 앞서 업계 상황과 회사의 사정, 또 이들의 연봉 동향을 알아둬야 한다. '불황'이라는 분위기에 매몰되지 말고 냉정하게 시장 흐름을 파악해야 회사와 동등하게 협상할 수 있다. 지난해 회사의 영업 이익과 경기 침체로 인한 손실 요인은 어떤지, 업계와 동일 직종의 연봉 동향은 어떤지에 대한 정확한 정보 확보는 내 몸값 판단의 기준이 된다.

● 불황에도 성과를 낼 수 있음을 강조하라

성과에 대해 자신이 있다면 현 상황과 연결해 수치적인 데이터를 제시하는 것이 효과적이다. 가시적인 데이터 제시를 통해 불황 속에서도 몸값을 톡톡히 해냈다는 인식을 심어줄 수 있다. 여기에 올해 자신이 달성할 수 있는 구체적이고 설득력 있는 목표를 함께 제시할 수 있다면 금상첨화다. 직무에 따라 성과를 표현할 수 있는 방법이 상이하므로 자신의 성과를 수치화하거나 금액으로 환상할 수 있는 방안을 미리 생각하고 준비해야 할 것이다.

● 충성도와 애사심을 보여라

불황기가 되면 기업은 다른 때보다 충성도나 성실성, 애사심 등의 기본 덕목에 더욱 주목한다. 어려울 때일수록 정서적인 결속력을 중요히 여기고 '내 식구'라고 판단되면 더 단단히 챙기고자 하기 마련이다. 충성도나 애사심은 추상적인 말로 남발하기보다는 향후 회사에서 본인이 달성해 나갈 구체적인 비전을 제시하는 것이 좋다. 직속 상관을 비롯해 인사 담당자나 임원 등 협상 당사자들과의 관계에 주의를 기울이는 노력도 필요하다. 이들 외에 주변 동료의 '평판 관리'에도 신경을 쓰는 것이 좋다. 하지만 이 부분을 정서적으로 호소하거나 매달리는 듯한 인상을 주는 건 능력 부족으로 보일 수 있으니 피해야 한다.

● 보상제도, 복리후생을 챙겨라

직접적인 연봉 인상이 어렵다면 각종 보상제도와 복리후생도 챙겨볼 수 있다. 상여금, 이익에 따른 수당Profit Sharing, 계약금, 주식, 스톡옵션 등 보상제도를 협상카드로 쓸 수 있다. 그 밖에도 차량 제공, 교육비 지원, 주택 혹은 주택 구입자금 제공 등도 챙겨볼 만하다. 개인입장에서는 연봉 인상과 비슷한 효과를 거둘 수가 있고, 기업도 성과창출에 대한 동기를 유발함과 동시에 연봉 상승으로 인한 부담을 덜 수 있다.

● 먼저 얘기하게 하라

자신의 의중보다 회사의 뜻을 먼저 파악하는 것이 좋다. 회사의 제안을 받은 후 바로 반응하기보다는 얼마간의 침묵을 지키면 상대적으로 협상의 주도권을 지원자가 가져올 수 있다. 가령 연봉을 먼저 제시하여 속을 내비치기 전에 "저와 같은 경력을 지닌 사람에게 얼마정도면 적당하다고 생각하십니까?"라고 물어보면 기업이 생각하고있는 선이 어느 정도인지 확인할 수 있다.

5

5단계 : 사후관리

6개월~1년에 한 번씩 점검해야 하는 것은 건강검진만이 아니다. 당신의 경력도 1년에 한 번씩은 점검을 해봐야 한다. 그 방법은 스스로에게 물어보는 것부터 시작하면 된다. '지난 6개월간 나의 회사생활은 즐거웠나?', '내년에는 어떤 위치에 서고 싶은가?' 하는 내적인 질문들은 자신의 경력을 재조정하는 데 도움이 될 것이다. 무엇보다 이직을 결심했다면 이직을 원하는 분명한 사유가 있어야 한다. 평소에 이직 리스트를 작성하여 이직을 희망하는 기업이나 직종 또는 업무에 대해 미리 정리해 두는 것도 좋은 방법이다. 그렇게 해두면 이직 실패율을 줄일 수 있다. 이직을 희망하는 회사에 대한 평판 조회도 필수적이다. 기업이 경력자를 뽑을 때 평판을 조회하듯이, 브랜드 이미지는 마음에 들지만 업무 프로세스나 분위기가 맞지 않을 수 있기 때문이다. 희망기업에 다니는 직원들을 통해 사내 분위기나 기업문화에 대해 미리 알아보는 것도 중요하다. 그러고 난 후 여러분에게 맞는지 그렇지 않은지 잘 판단해 보아야 한다.

이직을 통해 새로운 직장에 뿌리를 내리고 싶다면 무엇을, 어떻게, 어떤 순서로 이해하고 수행해야 하는지에 대한 자기만의 명확한 로드맵을 가지고 새로운 환경에 도전할 수 있어야 한다.

제7장

실직,
퇴직은 새로운
시작이다

실직과 퇴직은 본질적으로 다르다. 그러나 일이 없는 상태라는 점에서는 동일하다. 실직은 예상하지 못한 상황에서 발생한 경우에 가깝고, 퇴직은 개인의 자발적·비자발적 의사와 관계없이 직업에서 물러날 시기를 예견하고 이에 대해 준비할 수 있는 경우에 가깝다.

우리는 일을 함으로써 살아가는 데 필요한 소득을 얻게 되는데, 실직은 이 모든 것을 잃었다는 것을 의미한다. 퇴직이라 해도 충분하게 준비하지 않은 경우에는 실직과 같은 결과를 초래한다. 퇴직 후 공기 좋은 곳에 전원주택을 지어 오순도순 전원생활을 하고 싶은 꿈은 실상은 잘 이루어지기 힘들다.

우리 사회에서 남성은 가족을 부양해야 하는 책임을 크게 느끼고, 부모는 자신의 고충을 자녀들에게 솔직하게 털어놓지 못하는 등 일종의 권위주의적인 풍토가 있다. 그래서 실직자, 특히 실직 남성들은 친구나 술 등 외부에서 위로를 받으려 한다. 불안함과 미안함이 가족에게는 서로에 대한 위로가 아니라 거꾸로 폭언이나 폭력, 불평불만으로 나타나기 쉽다.

실직과 퇴직에 대해서 정확히 알고 이에 대비해야만 사회활동에서 손을 떼고 한가롭게 지낼 수 있는 꿈같은 은퇴가 될 수 있다.

1

꼼꼼히 챙겨야 할
실업 지원제도

전 세계가 경제 위기에 봉착한 현시점에서 실업 문제는 일부의 문제가 아니라 모두의 문제가 되어 있다. 경제 위기와 고용불안 문제가 이제 현실로 나타나고 있다. 하루에도 수많은 기업이 문을 닫거나 대규모 구조조정을 단행하면서 실업자들이 거리로 내몰리고 있다.

실업의 형태는 아무 일도 하지 않는 완전 실직만이 있는 것이 아니다. 예를 들면 임시직, 일용직, 단시간 part-time 노동자와 같은 저임금 노동자들 또는 열악한 노동조건에서 불안정하고 불규칙하게 근무하는 비정규 노동자들은 반실업, 부분실업 상태인 경우에 속한다.

일반적으로 직장인이 갑자기 실직을 당하게 되면 자신과 가족의 경제생활을 유지할 수 없다는 데서 오는 심리적 공포감이 엄습한다. 여기에 자신의 무능력과 자신감 상실이 이어지고, 허탈감과 소외감까지 겹쳐 죽음과 같은 공포에 빠지기도 한다. 실제로 실직하게 되면 심한 불안, 우울, 소화 장애, 심혈관계 장애, 통증, 불면증 등의 건강 이상 증상이 나타난다고 한다. 이러한 실업에 대한 공포는 희망퇴직이나 이직 등 '자발적인 실업자'보다 어느 날 예고도 없이 직장에서 쫓겨난 '비자발적인 실업자'가 더욱 심각하다.

현재 우리나라에서 실직자 또는 퇴직자를 위한 경제적 보조 장치로는 고용보험 제도, 퇴직연금 제도, 전직 지원장려금 제도 등을 들 수 있다. 본인이 만약 실직했을 때 받을 수 있는 수령액이나 제도가 무엇인지를 꼼꼼히 따져보고 그로 인해 얻을 수 있는 수령액이 얼마나 되는지를 파악해 보면 조금은 실직의 공포를 줄일 수 있을 것이다.

고용보험 제도

고용보험은 의료보험, 국민연금, 산업재해보상보험과 함께 4대 사회보장제도의 하나로, 1995년 7월 1일부터 시행되었다. 고용보험은 감원 등으로 직장을 잃은 실업자에게 실업 보험금을 주고, 직업훈련 등을 위한 장려금을 기업에 지원하는 제도이다. 고용보험은 사업주와 근로자가 각각 월정 급여액의 일정 비율을 보험료로 납부해야 한다. 그러나 고용보험에 가입했다고 해도 실직 공포로부터 자유롭지 않기는 마찬가지다. 고용보험을 통한 실업을 대체할 수 있는 효과가 미미하고 실업급여를 받을 수 있는 조건이 매우 까다롭기 때문이다.

실업급여 액수는 하루 4만 원씩 계산해 월 120만 원이 최고 실업급여액이다. 이것도 고용보험 가입기간이 1년 미만일 때는 3개월[90일]밖에 받지 못한다. 고용보험을 10년 이상 가입했더라도 30세 미만은 6개월[180일], 30세 이상~50세 미만은 7개월[210일], 50세 이상 및 장애인은 8개월[240일]이 최장이다. 실업자들이 일반적으로 실업급여를 받을 수 있는 기간은 평균 6개월이다. 결국 실업급여 수준이나 지급 대상, 기간 등을 전체적으로 고려하면 소득 대체율은 40%에 불과하기 때문에 직업을 가지고 있을 때에 비하면 턱없이 부족하다. 고용보험은 자발적인 실업자는 대상에서 제외되고 비자발적인 실업자만 실업급여를 받을 수 있으나, 그것도 본인이 증명해야만 수령할 수 있다.

경제협력개발기구[OECD]의 유럽 주요국들의 실업급여 소득 대체율은 80%를 넘어 실직에 대한 보장을 받는 편이다. 특히 실업보험 혜택을 받지 못하는 실업자들에 대한 사회 안전망까지 완벽하게 구축한 상태다. 상황이 이러하니 외국의 실직자에 비해서 한국의 실직자들이 받는 충격은 더욱 클 수밖에 없다.

퇴직연금 제도

퇴직연금 제도는 2005년 12월 1일부터 시행된 제도로 우리나라의 기업이 사내에 적립하던 퇴직금 제도를 대체하여, 금융기관에 매년 퇴직금 해당금액을 적립하여 근로자가 퇴직할 때 연금 또는 일시금으로 지급받아 노후설계가 가능하도록 한 선진제도이다. 퇴직연금 제도는 기업의 도산에 따른 지급불능 사태에 대응하고 연금 수령을 자유롭게 선택할 수 있다는 장점이 있고, 은퇴 시까지 충분한 수준의 노후재원을 보존해 주는 특징을 가지고 있다. 그러나 현재는 전면적인 참여를 하고 있는 것이 아니라 공기업 및 대기업이 우선적으로 제도를 도입하여 추후에 차츰 증가될 전망이다.

퇴직연금 제도는 퇴직 급여를 퇴직금 제도에서처럼 일시금으로 수령할 수도 있고, 조건이 충족되면 연금으로 수령할 수도 있다. 또한 퇴직연금 적립금의 운용을 사용자가 할 수도 있고^{확정급여형, DB(Defined Benefit)}, 근로자가 개별적으로 적립금을 운용할 수도 있다^{확정기여형, DC(Defined Contribution)}. 특히 DC형의 경우에는 근로자의 추가부담금 납부가 가능하고 이에 대한 별도의 소득공제 혜택도 주어진다.

퇴직연금 제도는 퇴직연금 적립금을 자산운용 전문기관의 도움을 받아 채권, 주식, 선물, 각종 파생상품 등 다양한 금융상품에 장기 분산투자함으로써, 자산관리 환경의 변화에 효과적으로 대응할 수 있도록 해준다.

퇴직연금 제도에서는 중도 인출^{중간 정산} 요건을 엄격하게 제한함으로써, 노후 재원인 퇴직 급여가 생활자금으로 소진되지 않도록 하고 있다. 또한 개인 퇴직계좌^{IRA: Individual Retirement Account}라는 퇴직금 통산장치를 도입하여, 근로자가 직장을 옮기는 경우에도 퇴직 급여를 인출하지 않고 세금 혜택을 받으며 계속 적립할 수 있게 함으로써, 실질적인 은퇴 시점까지 퇴직 급여를 넉넉히 쌓을 수 있는 제도적 수단을 구비하고 있다. 단, 연금 수령은 55세 이상으로서 가입기간이 10년 이상인 가입자에게 지급되며, 이 경우 연금의 지급 기간은 5년 이상이어야 한다.

전직 지원 장려금 제도

전직 지원 장려금 제도는 2001년부터 시행된 제도로 경기의 변동, 산업구조의 변화 등에 따른 사업규모의 축소, 사업의 폐지 또는 전환으로 인하여 고용 조정이 불가피하게 된 사업주가 근로자에 대한 휴업, 직업 전환에 필요한 직업능력 개발훈련, 인력의 재배치 등의 실시, 기타 근로자의 고용안정을 위한 조치를 취하기 위해 필요한 지원을 하는 제도이다.

초기에는 정부가 비용의 절반을 지원하고 나머지 절반은 기업이 부담하도록 하여 주로 대기업이나 공기업 등 경제적으로 여유 있는 기업들만 이용했다. 정부는 예산을 늘려 종업원 500인 이하 중소기업에 대해서는 비용 전액을 지원하는 것으로 방침을 바꿨다. 하지만 아직까지 이 제도를 활용하는 기업은 1% 정도에 불과하다.

'외벌이' 실직보다 더 무서운
'맞벌이' 실직

아파트 가격이 급등하고 물가가 오르면서 많은 젊은이들은 배우자를 고를 때 우선적으로 맞벌이를 선호한다. 뿐만 아니라 외환 위기와 경기 침체를 겪으면서 한 푼이라도 더 벌기 위해 많은 주부들이 직업 전선에 뛰어들고 있다. 더욱이 삶의 질을 높이기 위해 결혼한 뒤에도 직업을 유지하는 여성이 늘고 있다. 실제로 맞벌이를 하는 이유에 대한 통계조사를 보면 '풍족한 생활을 위해서[47.7%]', '자아성취를 위해서[20.5%]'의 순으로 응답했으며, 그다음으로 '생계 유지를 위해[11.6%], '주택 마련을 위해서[10.3%]'라고 답하고 있다.

그렇다면 과연 맞벌이 부부의 수익은 남들이 부러워할 수준이 될까. 미국 하버드대 법대 엘리자베스 워런 교수와 그의 딸 아멜리아 워런 티아기가 쓴 『맞벌이의 함정』이라는 책을 보면 맞벌이 부부가 자녀를 위해 좋은 학군과 주택을 구입하는 데 들이는 비용이 파산의 실마리를 제공한다고 주장하고 있다. 맞벌이 부부들이 중산층 대열에 뛰어들면서 주택 모기지 대금, 자동차 할부금, 세금, 건강보험료, 보육비를 과도하게 지불하는 바람에 외벌이 가정보다 재량적 소득이 더 적고, 어려운 시절에 대비해 저축할 돈도 부족하다는 것이다.

통상적으로 맞벌이를 하면 소득이 2배가 되는 만큼 저축도 많이 하고 여유자금도 많을 것이라 생각하기 쉽다. 투자 전문가들은 이에 대해 우리가 갖는 일반적인 생각과 달리 많이 버는 만큼 쓰기도 많이 쓰게 되어 큰 차이가 없다고 지적한다. 실제로 맞벌이 부부는 각각 자기 명의로 된 자동차를 소유하는 비율이 높으며, 아이들에게 들어가는 육아 및 탁아비 지출과 함께 부모님께 아이를 맡기는 경우 부모님 용돈도 만만치 않다고 한다. 보모를 두면 월 120만~150만 원의 비용이 든다. 더욱이 직장생활에 따른 품위유지비로 의상비, 외식비, 문화비 등의 소비성 지출도 느는 편이라고 한다.

중요한 것은 이러한 씀씀이에 익숙했던 맞벌이 부부들은 부부 중 한 명이 실직을 하게 되면 외벌이 가정보다 파산 위험이 높다는 것이다. 워런 교수는 맞벌이 부부들이 '맞벌이의 함정'에 빠지기 쉽다고 지적하였다. 즉 같이 벌 때는 수입이 커 고정적인 가계 지출에 대한 부담을 상대적으로 덜 느끼기 때문에 주택 구입과 교육비 지출도 크다는 것이다. 결과적으로 보면 수익이 증가하는 만큼 지출이 빠르게 증가하기 때문에 생각처럼 여유 자금을 모으기가 쉽지 않다. 또한 고정 지출을 대수롭잖게 여기다 보니 소득은 많지만 저축할 여력이 없게 되고, 예상치 못한 실직을 당했을 경우 고정 지출에 대응하기가 외벌이 가정보다 어려운 경우가 많다.

통계청의 조사결과를 보면 맞벌이 부부는 외벌이 가정보다 쉽게 대출을 통해 주택 구입이 쉽고, 매월 상환 원리금이 높더라도 크게 걱정하지 않는 편이다. 자동차를 구입할 때도 할부로 구입하고 전자제품을 구입할 때도 카드를 사용하는 것으로 나타났다. 또한 맞벌이 가정의 교육열은 매우 높아 사교육비 비중이 크며, 좋은 학군을 위해 비싼 대출을 받아서라도 아파트 가격이 비싼 곳으로 이사를 하는 경우가 많다. 이는 맞벌이 가정이 외벌이 가정보다 소득은 높지만 저축액은 적고, 대출 금액은 더 많다는 것을 증명하고 있다.

문제는 이렇게 가계 지출구조가 고정화되면서 부부 중 한 명이 실직하면 수익은 줄고 지출이 늘기 때문에 치명타를 맞게 된다. 따라서 지출을 줄이지 못하면 가계는 깊은 적자의 늪에 빠져들 수밖에 없다. 적자의 늪에 빠졌을 때 쉽게 줄일 수 있는 부분은 외식비, 문화생활비이지만 이들이 차지하는 규모는 전체 지출 규모에서 그리 크지 않다. 지출의 대부분을 차지하는 주택과 교육에 대한 비용은 하루아침에 줄이기가 어렵다.

문제는 맞벌이 부부들은 지금의 소득 구조가 영원할 것이라는 착각에 빠져 있는 경우가 많다는 것이다. 실업은 누구에게나 찾아오는 것이므로 언제 실업이 닥칠지를 고려해서 지출 계획을 세워야 한다. 맞벌이 부부의 실업은 외벌이 가정보다 더 큰 위험을 줄 수 있기 때문에 실업에 대한 대비도 맞벌이일 때 미리 세우는 것이 좋다. 막상 실업이 발생하게 되면 정신을 차리기도 전에 가계 부도가 발생할 수도 있기 때문이다.

맞벌이 부부의 실직 충격을 여유 있게 극복하기 위해서는 일단 부부 중 혼자 번다고 가정하고 그 수입 규모에 맞게끔 지출 계획을 세우는 것이 중요하다. 또한 수입 규모에 맞는 지출 계획을 실천하는 데는 최소 6개월 정도 시간이 걸리기 때문에 6개월 소득에 해당하는 현금을 준비하는 것이 중요하다.

3

금융관리가
'부도가정' 막는다

세계적 자산관리 회사인 피델리티 그룹이 8개국의 은퇴 준비상황을 조사해서 지난 2008년에 『은퇴백서』라는 책을 발간했다. 조사결과 우리나라 직장인들의 은퇴 준비가 다른 선진국들에 비해 크게 뒤떨어지는 것으로 나타났다. 이 조사보고서에 따르면 우리나라 직장인들이 60세에 은퇴할 경우 예상 연소득은 평균 1,600만 원 정도로 나타났다. 이 금액은 은퇴 직전 연평균 소득인 4,000만 원의 41%에 그치는 것이다. 독일이나 미국, 영국, 캐나다 등 선진국의 경우 은퇴 후 예상되는 연소득이 은퇴 직전 소득의 50%를 넘는 것에 비하면 우리나라 직장인들의 은퇴 후 소득은 크게 떨어지는 수준이다. 그만큼 우리나라 직장인들의 은퇴 후 생활에 비상등이 켜진 것이다.

은퇴란 한마디로 월급날이 되어도 내 통장에 돈^{급여}이 들어오지 않는 것을 말한다. 실제로 은퇴한 사람들을 만나보면 한결같은 반응을 보여준다. 그들은 은퇴하기 시작하는 50대 중반의 몸과 마음이 30~40대의 젊은 연령층에 비해 크게 다를 바 없는데 떠밀리듯 은퇴하게 되는 현실에 불만이 많다. 그들은 급여통장에 돈이 들어오지 않는 것을 확인했을 때 비로소 자신이 은퇴했다는 사실을 실감하게 된다고 말한다.

이처럼 실직 후 가장 큰 충격은 경제적으로 수입이 없어진다는 것이다. 실직을 당하는 세대는 자녀들에 대한 높은 사교육비를 부담하느라, 또 노령의 부모를 부양하느라 정작 자기 자신의 노후를 대비하여 저축할 여력이 없다. 더욱이 실직을 당하고 나서 당장 지출을 줄이면 심리적으로 위축이 되기 마련이다. 따라서 생활비는 한꺼번에 줄이지 말고 서서히 줄여나가는 게 좋다. 실직한 뒤에 어떻게 살림을 꾸려나갈지를 고민하면 이미 때는 늦다. 긴급 생활자금이 없는 상태에서 불운의 실직을 당하면 '가진 재산'을 까먹는 도리밖에 없다.

물가상승률 3%, 예금금리 5%를 투자수익률로 볼 때, 월 지출 500만 원이 필요한 사람은 은퇴 후 20년 동안 약 10억 원이 필요하다. 한 달 생활비가 250만 원이라고 하면 5억 원이 필요하다. 따라서 언제든지 찾아올 수 있는 실직에 대비한 재무 설계를 해야 한다.

실직 후의 충격을 줄이고 잠시라도 여유 있는 생활을 하기 위해서는 실직 준비금을 준비해야 한다. 실직 준비금은 월급이 소득의 전부라면 6개월치 월급을 언제든지 찾을 수 있는 CMA나 MMF 통장에 넣어두는 것이 좋다. 월급 이외에도 부동산 임대소득이나 이자, 배당수익이 월급만큼 나올 수 있다면 굳이 적립해 놓지 않아도 된다. 그러나 월급의 일부밖에 안 된다면 월급의 3개월치는 적립해 놓는 것이 좋다.

적금을 든다

실직을 위해서 금융상품을 골고루 분산투자해야 한다. 금융상품으로는 적금, 예금, 펀드, 보험, 주식 등이 있다. 주식은 장기투자할 생각이 없으면 하지 말아야 하며, 원금을 잃을 수 있으므로 주의해야 한다. 주식투자가 수익을 많이 줄 수도 있지만 손해도 크다는 생각을 가져야 한다. 만약 투자한 주식이 손해를 보아도 견딜 수 있는 마음을 갖지 않은 상태에서 투자를 하게 되면 건강도 잃을 수 있다는 것을 명심하자. 그런 면에서 펀드도 마찬가지라고 할 수 있다.

적금은 일정기간을 계약하고 정기적 또는 비정기적으로 금액을 불입하여 계약기간이 만료된 후 이를 이자와 함께 일괄적으로 돌려받는 것이다. 적금은 이자가 높은 것으로 알아봐서 되도록 세금우대를 받는 것으로 하나쯤 준비하는 것이 좋다.

금융상품을 해지한다

실직 이후에 계속적으로 수입이 생기지 않는 상태에서는 금융상품을 전부 유지하기는 불가능하다. 금융상품을 해지할 때에도 순서가 있다. 금융상품을 해지할 때는 적금→예금→펀드→보험 순으로 해지한다.

일반적으로 보험부터 해약하는 경우가 많은데, 보험은 중간에 해약하면 원금도 제대로 받지 못하는 경우가 많다. 더욱이 보장성 보험은 반드시 필요하기 때문에 되도록 유지하는 것이 좋다. 은퇴 후 초반부엔 지출이 많고 연령이 높아질수록 지출은 줄어들 거라 생각하지만 나이가 들수록 의료비용의 증가로 인해 지출은 더욱 늘어날 수도 있다. 갑자기 많은 의료비의 지출은 가정의 재무상태를 급격하게 위축시키므로 필수 보장성 보험은 유지해야 한다.

금융상품을 담보로 대출받는다

생각지도 못하게 실직을 당해서 실직 준비금을 미처 준비하지 못했다면 금융상품을 담보로 대출받는 것도 자금 융통의 한 방법이다. 예금을 담보로 한 마이너스 통장, 보험금을 담보로 한 보험약관대출 등 금융기관들은 그동안 납입한 자금을 담보로 저리 대출을 해준다. 다만 이 경우 대출과 해약 가운데 어느 쪽이 더 이익인지를 꼼꼼히 따져봐야 한다. 보험을 유지하길 원하지만 당장 보험금 납부가 부담스럽다면 납입중지^{보험계약을 유지한 채 보험금 납입을 얼마간 유예하는 제도}가 가능한지를 알아본다.

지출을 줄인다

지출을 줄이기는 고통스럽지만 가능한 일이다. 실직했다면 가족 구성원의 동의 아래 당장 작은 주택으로 이사하고, 여기서 확보한 자금으로 빚을 갚거나 생활비로 쓰도록 한다. 생계수단이 아니라면 자동차는 파는 것이 좋다. 자동차 한 대를 줄이면 유류비, 보험료, 각종 세금을 포함해 자동차 1대당 연간 최소 400만 원 정도를 절약할 수 있다. 이외에도 외식비는 물론 경조사비도 줄이고, 저녁모임 참석도 되도록 피한다. 남들에게 창피한 일이라고 생각할 수도 있지만 보다 더 중요한 일은 빚을 지지 않는 것이다.

교육비를 줄인다

30~50대의 한국인이라면 자녀들에 대한 높은 사교육비 부담이 있고 노령의 부모님을 부양해야 하는 책임을 동시에 짊어지고 있기 때문에 정작 자기 자신의 노후를 대비하기 위해 저축할 여력이 없다. 결국 자녀들을 대학까지 교육시키고 모두 출가시키다 보면 정작 자신의 노후자금을 충분히 모아놓지 못하기가 쉽다. 그래서 생긴 말이 '자녀교육에 올인하면 노후생활이 없다'는 것이다. 고등학생 이상의 자녀라면 아르바이트를 권하고, 대학에 다니는 자녀라면 등록금을 어떻게 마련할지 미리 계획을 세우는 것이 좋다. 예를 들면 자녀에게 아르바이트 또는 학자금 대출을 받도록 설득해야 한다.

미리 은퇴 준비를 한다

여성이든 남성이든 한 집안의 가장은 보통 은퇴 대비를 하고픈 마음은 굴뚝같지만 실제로 재정적인 준비를 할 수 있는 여윳돈이 거의 없다. 그래도 포기하지 말고 짬짬이 적은 돈이라도 은퇴 준비자금을 지금이라도 모아두어야 한다. 사실 은퇴 준비를 시작해야 하는 연령대는 점점 빨라지고 있다. 반면 평균수명은 늘어나고 있기 때문에 그만큼 은퇴생활 기간도 길어졌다는 점을 명심하자.

물에 빠져도
정신만 차리면 산다

실직이 되면 사람들은 두 가지 부분에서 두려움과 고통이 생기게 된다. 가장 걱정스러운 부분은 당장 수입이 끊긴다는 것이다. 그에 못지않은 실직의 고통은 자신이 일을 할 수 없다는 데서 비롯된다. 일할 권리를 박탈당한 입장으로서는 자신이 버림받았다는 생각 때문에 우울증이 나타나게 되고, 집 밖으로 나가기를 싫어하며, 전화조차 받길 거부하고, 가족과의 싸움도 잦아진다. 심한 경우에는 심리적 충격을 해소하기 위해 술을 마시거나 마약을 하기도 하고 자살도 한다.

 감정의 기복이 심하거나 기분 장애_{우울증, 조울증, 불안증 등}가 있는 사람일수록 실직을 당했을 때 이를 극복하기 어렵다. 집안에 당뇨병 내력이 있는 사람들이 음식을 가려먹듯, '마음 약한' 사람들은 실직 위험이 닥칠 때 혼자 감당하려 들지 말고 주변에 도움을 요청해야 한다. 술을 입에 대지 않도록 애써야 하는 것은 물론이다.

물에 빠져도 정신을 차리면 산다는 말이 있듯이, 실직한 상황일수록 '정신을 차릴 수 있는' 환경에 있어야 한다. 잘 먹고 잘 자고, 규칙적으로 운동도 해야 한다. 몸을 챙기는 게 곧 마음을 챙기는 것이기 때문이다. 아침 일찍 일어나 등산이나 산책을 하는 등 오히려 직장에 다니느라 못했던 일들을 할 수 있는 기회로 삼아 좋은 습관을 들이도록 한다.

남을 의식하는 것도 떨쳐야 한다. 한 상담사는 "한국인들은 실직한 자신을 가족과 남들이 어떻게 생각할까 걱정하느라 지나치게 불안감에 시달린다."며 그로부터 벗어나야 함을 강조했다. 배우자와 자녀, 친구들에게 실직으로 인한 힘든 심정을 솔직히 드러내고 함께 현실적인 극복방안을 찾는 것이 현명하다.

6개월~1년 이상 실직 상태가 계속될 때는 평소 하고 싶었던 일을 찾아서 해보는 것이 정신건강에 좋다. 인간에게는 성취감을 느끼는 일이 무엇보다 중요하기 때문이다. 돈벌이가 안 되어도 지역사회 봉사활동 등, 성취감을 느낄 수 있는 일들을 찾아서 해본다. 그래야 오랜 실직 상태에서 오는 좌절감과 무기력을 극복할 수 있다.

토마스 홈즈^{Thomas Homes}와 리차드 라헤^{Richard Rahe}는 1967년에 '사회 재적응 평가척도^{SRRS:Social Readjustment Rating Scale}'를 만들었다. 사회 재적응 평가척도란, 한 개인에 대한 스트레스의 영향 정도가 스트레스 자극의 기간, 자극의 강도, 예측 가능성, 통제 가능성, 개인의 자신감 등 여러 요인들의 복합적인 작용에 의해 결정된다는 데 착안해서 만든 척도이다. 이것은 생활 스트레스가 질병에 선행되며, 이 스트레스들의 강도의 합이 질병의 심한 정도 및 기간과 상관성이 있다는 판단 아래, 우리가 일상생활에서 부딪치는 대표적인 스트레스 상황들을 생활 변화량으로 정의하여 계산하는 척도이다.

이러한 척도는 지난 1년간 경험한 각 항목의 횟수에 점수를 곱하여 전체 점수를 합산하는 방법으로, 총점 200점 이상이면 질병을 일으킬 확률이 아주 높다. 이러한 평가척도 또한 절대적인 것은 아니며, 각 개인의 환경적 성격적 특징에 따라 그 비중이 달라질 수 있다.

이 척도에서 유의미하게 보아야 할 것은 스트레스에 대한 진단보다는 내가 현재 처해 있는 상황에서 받는 스트레스의 강도가 어느 정도인지를 파악하는 것이다.

: 변화에 적응하는 스트레스

사 건	충격 척도
배우자 혹은 사랑하는 사람의 죽음	100
이혼	73
별거	65
가까운 친척의 죽음	63
자신의 상해와 질병	53
결혼	50
실직	47
가족의 건강변화 혹은 행동상의 큰 변화	44
임신	40
성생활의 문제	39

새로운 가족구성원이 생김	39
직업적응	39
재정적 상태의 변화	38
가까운 친구의 죽음	37
다른 부서로 배치되는 것	36
배우자와의 언쟁의 증가	35
많은 액수의 부채	31
부채가 노출된 경우	30
자녀가 집을 떠나는 것	29
시집식구 혹은 처가식구와의 갈등	29
뛰어난 개인적 성취	28
아내가 취직을 하거나 반대로 일을 그만두는 상황	26
입학과 졸업	26
생활환경의 변화	25
습관을 고치는 것	24
직장상사와의 갈등	23
전학	20
취미활동의 변화	19
종교활동의 변화	19
사회활동의 변화	18
소액의 부채	17
수면습관의 변화	16
가족이 함께 모이는 횟수의 변화	15
식사습관의 변화	15
방학	13
크리스마스	12
가벼운 법규위반	11
총점 200점 이상이면 질병을 일으킬 위험이 아주 높다.	

변화에 적응하는 스트레스를 보면 실직으로 인한 충격 척도는 47로 스트레스 중에서도 매우 높은 수치를 보여준다. 따라서 실직으로 인한 스트레스를 지속적으로 느끼게 되면 건강에 치명적일 수 있으며, 다른 스트레스와 합치게 되면 건강에 더욱 큰 문제가 발생하게 된다. 실직 스트레스를 예방하고 극복하기 위한 방법을 소개하면 다음과 같다.

- 평소 일하는 시간과 여가시간을 구분한다.
- 직장동료 외에 다른 분야의 친구도 사귄다.
- 여가시간에는 최대한 편하게 쉰다.
- 항상 완벽하게 하려는 마음을 버린다.
- 성공하지 않으면 안 된다는 강박관념에서 벗어난다.
- 평소 장기적인 안목에서 계획을 세워둔다.
- 실직 후 반년은 편한 마음으로 새로운 계획을 세운다.
- 가족과 서로 이해하고 따르도록 노력한다.
- 전보다 더 규칙적인 생활과 운동을 한다.
- 평소에 하고 싶었던 일에 관심을 갖고 시작해 본다.
- 가족은 현실생활에 적응할 수 있도록 도와준다.

5

'퇴직 후유증'의
내부의 적

퇴직은 현직에서 물러나는 것을 말한다. 자발적인 퇴직에는 정년이나 명예퇴직이 있지만 비자발적으로는 실직을 당하는 것이다. 직장을 다니던 사람들이 자발적이든 비자발적이든 퇴직을 하게 되면 정신적인 충격을 받는데, 이를 퇴직 후유증이라 한다.

퇴직 후유증은 퇴직을 하게 되면 누구나 경험하는 것이나, 정도의 차이는 있다. 그리고 자발적인 퇴직이냐 비자발적인 퇴직이냐에 따라서 그 정도의 차이가 큰 편이다. 실제로 비자발적인 실직에 의하여 갑자기 회사를 그만둔 경우에는 정신적으로 큰 충격을 받게 된다. 당장 다닐 직장이 없는 데다 급여가 더 이상 통장에 안 찍히는 것을 보면서 공황 상태에 빠지기도 하고, 때로는 회사와 퇴직자와의 관계가 단절되어 자기가 몸담고 있던 기업을 적으로 간주하기도 한다. 뿐만 아니라 퇴직 후 대인관계를 기피하면서 외부 출입을 중단하고 자폐증에 가까운 증세를 보이기도 한다.

자발적인 정년이나 명예퇴직을 하더라도 직장 이외는 다른 인생을 살아오지 못한 사람이나, 직장을 떠나서는 친구도 별로 없는 사람은 1개월 정도가 지나면 집에서 TV 시청이나 독서하는 시간이 많아지게 되고 인간관계는 급속히 감소하게 된다. 행여 퇴직을 하게 되면 편안하게 푹 쉬면서 국내나 해외여행을 마음대로 다녀야겠다는 계획을 가지고 있던 사람들도 막상 퇴직을 하고 보면 뜻대로 되지 않는다. 더욱이 뚜렷한 취미도 갖지 못하여 오직 직장생활만이 삶의 전부인 양 충실하였던 사람이나, 휴일에도 출근을 하거나 퇴근시간 이후에도 직장을 떠나는 것이 쉽지 않았던 사람은 더 큰 정신적인 좌절에 빠지게 된다. 또한 자신은 젊은데 사회나 가정에서 필요 없는 존재가 되었다는 무기력, 자괴감과 무능력하다는 자격지심이 매우 크게 작용해서 우울증이 지속되게 된다.

실제로 퇴직 후유증을 심하게 앓는 사람들은 두통, 흉통 등 각종 통증과 식욕감퇴, 불면 등의 여러 신체증상이 나타나고 불안, 초조, 우울 등의 심리적 증상이 나타난다. 어떤 경우에는 모든 것에 의욕을 잃고 갑자기 늙어버리기도 하고, 심한 경우에는 화병에 걸려 결국 건강을 잃게 되는 경우도 있다.

일반적으로 퇴직 후유증은 여성보다 남성이 심하다. 이는 가족들과 정서적 유대관계를 중요시하는 여성과 달리 남성들은 일을 중요시하기 때문이다. 또한 보통 직장인보다 고위직에 있었던 사람일수록 퇴직 후 후유증이 심하다. 이는 역할과 지위가 높아서 습관적으로 대접을 받다가 일자리에서 떠나는 순간 모든 것이 없어지게 되기 때문이다.

성격적으로 퇴직 후유증을 받는 정도의 차이를 분석해 보면 내성적인 사람이 외형적인 사람보다, 부정적인 사고를 가진 사람이 긍정적인 사고를 가진 사람보다, 강박관념을 가진 사람이 여유로운 사람보다, 주관적으로 생각하는 사람이 객관적으로 생각하는 사람보다, 예민한 사람이 둔한 사람보다, 이기적인 사람이 이타적인 사람보다, 업무에 있어서 완벽함을 추구하는 사람이 업무를 대충하는 사람보다 스트레스를 잘 받는다.

이미 이전에 퇴직 후유증을 자주 겪었던 사람이라면 퇴직 후유증을 쉽게 해결하지만, 퇴직 후유증을 처음 겪는 사람은 스트레스에 대한 압박을 크게 느끼게 된다. 평소에 인스턴트 음식을 즐겨 먹는 사람은 자연식을 먹는 사람보다 퇴직 후유증을 많이 받는다. 물론 이러한 차이는 사람의 성격이나 체질에 따라 다양하게 나타날 수 있다.

체질적으로는 태음인과 소음인이 스트레스에 민감하고 영향을 많이 받지만 태양인과 소양인은 퇴직 후유증에 크게 영향을 받지 않는 체질이라고 할 수 있다. 이처럼 다같은 '퇴직'이라도 받아들이는 사람에 따라 퇴직 후유증의 강도는 다르게 나타난다.

선천적으로나 후천적으로 신경이 예민한 사람, 외부자극에 민감한 사람들은 심한 상처를 받게 되고, 부정적인 생각으로 걱정을 하는 습관이 있는 사람은 사건 자체를 확대시켜 퇴직 후유증을 더 크게 받게 된다. 이는 자신이 스스로 만들어낸 내부에서 오는 스트레스가 가해짐으로써 더욱 깊은 상처를 받게 된 경우이다.

	후유증이 강한 사람	후유증이 약한 사람
성격	내성적	외형적
	부정적	긍정적
	강박	여유
	주관적	객관적
	예민한 사람	둔한 사람
	이기적	이타적
	완벽	대충
경험	없음	많음
식습관	인스턴트 음식	자연 음식
체질	태음인과 소음인	태양인과 소양인

6

'은퇴 후유증'
어떻게 쫓아낼까?

2010년부터 우리나라는 1차 베이비부머 세대(1955~1963년생)가 본격적으로 은퇴를 시작하였다. 2010년은 1955년생이 55세가 되는 해이고, 55~57세는 우리나라 대기업들의 퇴직연령에 해당되기 때문이다. 사실 임원급이 아닌 일반 직장인들이 55세까지 직장에서 버티기 힘들다는 사실은 이미 공공연한 사실이다. 최근 연말을 기점으로 몇몇 주요 대형 은행들이 직원들에 대해 임금피크제도를 단행하면서 명예퇴직을 독려하고 있다고 발표해, 나이 든 직원들의 마음을 더욱 춥게 만들고 있다.

여성의 은퇴는 50대 이후에도 서비스업 재취업과 봉사단체 활동이 가능해 퇴직 후 오히려 더 다양하고 행복하게 시간을 보내는 것으로 나타났다. 남성의 재취업은 5%대를 넘지 않아 그야말로 '하늘의 별

따기이다. 따라서 남성들은 은퇴를 위해서 많은 것을 준비해야 한다.

　은퇴를 대비하기 위해서는 준비가 필요하다. 은퇴를 준비하기 위해서 꼭 해야 할 것 중 하나는 은퇴로 인한 스트레스를 예방하는 길이라 할 수 있다. 스트레스는 사람마다 달리 나타나므로 이에 대한 사전지식을 습득해 대비하는 것도 좋은 방법이다. 심리학자 라이카르드 등은 은퇴한 남자들을 대상으로 은퇴 후의 성격, 적응양식을 면밀히 조사하여 다음과 같은 다섯 유형을 보고하였다.

성숙형

큰 어려움 없이 은퇴 후 늙어가는 자신의 삶을 그대로 받아들이고 일상생활이나 대인관계에서 만족을 느낀다. 지금까지 자신의 일생이 값진 것이었다고 느끼고 후회나 미래에 대한 공포가 없으며 일상 및 사회생활에서 활동적이다.

은둔형

지금까지 가지고 있던 무거운 책임에서 벗어나 조용한 생활을 하게 된 것을 감사하게 생각한다. 이들은 원래 수동적이었던 사람들로 조용한 삶을 살고 싶었던 욕구를 충족시키게 되었음을 기뻐한다.

무장형

늙어감과 소외에 대한 불안이 심하고 이를 없애기 위해 은퇴 후에도 다른 사회활동이나 기능을 계속 유지하려 노력하는 사람들이다. 즉 은퇴 후의 수동적인 생활이나 무력함을 받아들이지 않고 계속 무엇인가를 함으로써 자신의 능력 감소를 막으려 노력한다.

분노형

이들은 자신의 인생 목표를 모두 달성하지 못하고 은퇴하였다고 비통해 한다. 실패의 원인을 불행한 시대, 경제사정, 부모, 형제, 자녀 등 다른 곳으로 돌려서 남을 질책하고, 은퇴 후 자신의 처지를 인정하지 않으려 한다.

자학형

은퇴 후 자신의 삶을 실패로 보고 비통해 한다. 그러나 분노형과 달리 그 원인을 자기 자신에게 돌리고 자신을 꾸짖는다.

이 중에서 성숙형이 가장 이상적이라고 한다면 은둔형과 무장형은 비교적 잘 적응한 경우이다. 분노형과 자학형은 적응에 곤란을 겪고 있다고 할 수 있다. 물론 이러한 적응 양식은 일생을 통한 성격 형성 과정의 결과로 나타난다. 보다 성숙된 성격 형성을 성취한 사람이 은퇴 후에도 행복한 생활을 누리게 된다.

은퇴 후 스트레스를 극복하는 가장 좋은 방법은 현직에 근무할 때 은퇴 후를 염두에 두고 미리 충분한 계획을 잘 세워두는 것이다. 특히 은퇴 이후의 시간을 어떻게 보낼 것인가가 중요하다. 시간은 많은데 마땅히 할 일이 없게 됨에 따라 우울증에 걸리기 쉽기 때문이다.

은퇴한 후에 어떻게 시간을 보낼 것인가에 대한 충분한 계획을 세워놓는다면 은퇴 후에도 심한 스트레스는 생기지 않을 수 있다. 은퇴 스트레스를 줄이는 방법에는 다음과 같은 것들이 있다.

건강유지에 신경을 쏟는다

은퇴 후 뭐니 뭐니 해도 제일 중요한 것은 바로 건강이다. 건강해야만 무엇이든 할 수 있기 때문이기도 하고, 건강을 잃게 되면 의료비용의 지출이 부담되기 때문이다.

직장을 다닐 때는 일에 충실하다 보니 자연스럽게 운동도 소홀히 하게 되고 건강을 해치는 일이 많다. 그러나 직장을 다닐 때는 긴장이 되어 느끼지 못했던 각종 질환이나 질병들이 은퇴 후 갑자기 노출되는 경우가 많다. 건강에 이상이 오면 심리적으로 위축되고 우울증에 빠지기 쉽기 때문에 우선적으로 건강을 유지하는 데 신경을 쏟아야 한다.

은퇴를 하게 되면 종합병원에서 종합검진을 받아 신체의 이상 유무를 확인해 보고, 건강을 유지하기 위한 운동을 하는 것이 현명하다. 건강에 이상이 없다는 진단을 받아도 매일 한 시간이나 두 시간 정도는 운동 시간으로 할애하도록 한다. 예를 들면 꾸준한 등산, 달리기, 걷기, 수영, 자전거 타기, 헬스를 통해서 근력운동과 유산소 운동을 꾸준히 한다. 뿐만 아니라 성인병 예방을 위해서는 그동안 해오던 식사량도 줄이되 저녁 식사 후에는 절대로 간식이나 군것질을 하지 말아야 한다.

친구를 많이 사귄다

업무에 충실했던 직장인일수록 인간관계는 업무와 관련된 동료나 선후배들 위주로 형성되어 있을 것이다. 그러나 직장을 떠나게 되면 일과 연관되어 있던 사람들을 사적인 관계로 만나기는 쉽지가 않다. 따라서 은퇴를 하고 나면 정서적인 유대감이나 취미를 같이 나눌 친구가 별로 없다. 옛말에 '친구가 많을수록 장수한다'는 말이 있다. 무료하고 답답한 시간을 보내는 데 가장 효율적인 것이 바로 친구를 사귀는 일이다. 친구를 사귀는 가장 좋은 방법은 가까운 복지관이나 문화센터 같은 곳에서 같은 연배들이 주로 받는 교육을 신청하는 것이다. 공부하는 사람들은 공통적인 배움을 계기로 쉽게 친분을 나눌 수 있고 동아리도 형성할 수 있다.

직장생활할 때처럼 집을 나선다

은퇴 후에는 집 안에 있는 시간이 늘어나게 된다. 그러다 보면 하릴없이 TV 시청이나 독서로 소일하게 된다. 이는 배우자나 자녀들에게 무능력하게 보이거나 싫증을 느끼게 할 수 있다. 특히 남편의 은퇴는 부인들에게도 가사 부담의 스트레스를 주기 때문에 갈등을 일으킬 수 있다. 따라서 항상 아침 시간에 밖에서 즐길 수 있는 스케줄을 만들어야 한다.

가장 효과적인 것은 집 주변에 있는 평생교육 시설에 주기적으로 교육을 받으러 다니는 것이다. 교육을 받게 되면 동창회나 동아리가 만들어지게 되어 또 다른 만남이 이루어지므로 집 안에 머물 시간을 줄일 수 있다.

각종 모임에 적극적으로 참여하는 방법도 있다. 주변을 자세히 살펴보면 봉사활동이나 취미별로 단체가 있어 가입을 환영하는 곳도 많다. 각종 모임에 참여하다 보면 주기적인 모임과 함께 임원으로 활동할 수 있는 계기를 맞게 되면서 자신감이나 자아 효능감이 증가하게 된다.

공부를 시작한다

공부는 학교 다닐 때만 하는 것이라고 생각해서는 안 된다. 새로운 지식과 정보가 넘쳐나면서 평생 동안 공부하지 않으면 세상을 이해하기 어려워졌고, 이제는 나이를 먹어도 새로 공부할 것이 많아졌다. 집 주변의 문화센터, 구민회관, 주민자치센터, 복지관 등을 이용하는 방법이 용이하다. 여러 강좌를 수강하면 출근하는 것처럼 생활할 수 있다. 평생교육 시설에는 무료강좌도 많을뿐더러 한 달에 1~2만 원만 투자하면 매주 다닐 수 있는 프로그램들이 많다. 이런 활동은 새로운 배움에 대한 즐거움도 있지만 자신감도 형성되고, 새로운 직업에 도전하는 계기를 줄 수도 있어 일거양득이다.

자산관리를 잘한다

은퇴 후에는 경제활동을 하지 못하기 때문에 지금까지 벌어놓은 수입을 가지고 지출하게 된다. 은퇴 후 생활을 유지하기 위해서는 본인의 재산을 지키는 데 신경을 써야 한다. 현직에 있을 때는 부동산 투자, 주식, 펀드 등에 투자하여 손실을 보아도 큰 부담이 없지만 은퇴 후에는 손실을 보충할 수 있는 방법이 없기 때문에 주의해야 한다. 큰 손해라도 입게 되면 여생을 어렵게 보낼 수밖에 없게 될 뿐만 아니라 가족이나 자녀들로부터 원망도 크다는 것을 인식해야 한다.

은퇴 후 자산관리를 하기 위해서는 되도록 CMA처럼 안정적이고 이율이 높은 곳에 돈을 맡겨 적은 이자라도 불어나는 곳에 돈을 맡겨야 한다. 이러한 방법에 대해서 자세히 알지 못한다면 자산관리사나 투자상담사 같은 전문가들에게 자문을 받는 것도 바람직하다고 할 수 있다.

지인들을 위해 돈을 써야 한다

직장을 다닐 때는 여유 있는 사람이 밥도 사고 술도 살 수 있지만, 은퇴하고 나면 경제적 상황이 좋지 못하기 때문에 저녁자리에서 선뜻 지갑을 열기가 어렵다. 그러나 좋은 친구들과 계속 관계를 유지하고 싶다면 베푸는 일에 인색해서는 안 된다. 경제 형편이 크게 어렵지 않다면 자식들에게 재산을 물려주려 하기보다 지인들과의 친분 유지에 신경을 써야 한다. 과거에 도움을 주신 선배나 상사로 모셨던 분들, 현재 직장에 다니는 동료들까지 아울러야 한다.

말을 줄여야 한다

옛말에 '말이 많으면 쓸 말이 적다'는 말이 있다. 은퇴하고 나면 이 말처럼 꼭 할 말만 간단히 줄여서 하도록 노력해야 한다. 은퇴를 하게 되면 말이 없던 사람도 자신에 대한 말을 하고 싶어 한다. 은퇴한 사람들을 만나보면 주로 현직에 있을 때 있었던 과거의 이야기를 주로 한다. 문제는 똑같은 이야기를 자주 하는 것이다. 아무리 좋은 말이라도 자주 하게 되면 상대방들은 당신을 기피하게 될 것이다. 새로운 정보나 미래에 대한 이야기는 자주 할수록 좋지만, 과거의 일과 관련하여 자기를 과시하는 이야기는 다른 사람들에게 달갑지 않은 것임을 염두에 두어야 한다. 그들에게 가장 만나고 싶은 사람이 되고 싶다면 남들이 이야기할 때 경청을 해주고 긍정적인 반응을 보여주는 것이 좋다.

7

'은퇴남편 증후군' 잠재우기

직장을 퇴직하고 나면 남자들은 퇴직 후유증에 시달리지만 여자들은 은퇴남편 증후군에 시달린다고 한다. 은퇴남편 증후군RHS : Retired Husband Syndrome은 1991년 일본의 노부오 쿠로카와 박사가 처음으로 명명한 것으로, 남편이 은퇴할 시기가 다가오면 아내의 스트레스 강도가 높아져 몸이 자주 아프고 극도로 예민해지는 현상을 말한다.

은퇴남편 증후군은 남편이 은퇴한 후에 극심하게 나타나는데, 남편이 안방을 차지하고 앉아 잔소리를 늘어놓기 시작하면 여성들은 화가 쌓여 우울증이나 발진, 두통을 비롯한 다양한 육체적 증세를 보인다고 한다. 쿠로카와 박사는 노년기의 일본 주부 60% 이상이 은퇴남편 증후군에 시달린다고 보고하기도 했다.

은퇴남편 증후군 때문에 고통을 겪고 있는 세대는 제2차 세계대전

종전 이후 태어난 베이비 붐 세대로, 남편은 가족을 위해 돈을 벌어야 하며 아내는 남편과 가족을 위해 희생해야 한다는 사회적 분위기 속에서 자라온 세대라고 한다. 아내는 직장에서 열심히 일하는 남편을 위해 헌신적으로 내조를 했지만, 퇴직 이후에는 집 안에서 빈둥거리는 모습을 받아들이기 힘들다는 것이다.

특히 여성들이 남성 호르몬이 배출되는 50~60대에 접어들면 아내들의 스트레스는 참을 수 없는 수준에 도달한다고 한다. 늘 바깥일을 보던 남편이 이제는 집 안에만 있게 되니 함께 지내는 방식에도 새로 적응해야 하고, 늘 옆에서 뒤치다꺼리를 해야 하기 때문에 스트레스를 받을 수밖에 없다. 특히 직장을 위해 가정을 등한시했던 가부장적 남편에게 복종하며 살아왔던 일본 아내들은 남편의 정년퇴직 전후에 이 후유증이 심해진다고 한다. 남편이 집에 있다는 생각만 하면 온몸에 두드러기가 돋아나고 심한 위통이 찾아오는 경우가 다반사라는 것이다.

이러한 일본 중년여성들은 스트레스를 해소할 새로운 대상을 찾게 되는데, 테디 베어와 같은 봉제인형을 수집하거나 유명 연예인에 집착하면서 스트레스를 푸는 것이 우리나라의 한류 스타들이 일본 중년여성들의 광적인 사랑을 받는 것도 그러한 영향 때문이라고 한다.

문제는 이러한 현상이 우리나라에서도 발생하고 있다는 것이다. 실직한 남편 때문에 스트레스를 받아 정신적, 육체적 이상을 겪는 주부들이 증가하고 있다. 특히 일없이 집에서만 지내면서 아내를 귀찮게 하는 남편을 빗대어 '젖은 낙엽 증후군'이라고 표현하기도 한다. 뿐만 아니라 아내가 이사 갈 때 버리고 갈까 봐 짐칸에 먼저 올라탄다는 농담이나, 아내만 따라다니다가 반상회까지 간다는 자조 섞인 유머가 회자되기도 한다.

은퇴 후에 나타나는 남편들의 행동

- 잠옷차림으로 종일 거실에서 빈둥거린다.
- 집 밖으로 나가지 않는다.
- 멋을 내지 않고 초라해진다.
- 거실에 누워 TV만 시청한다.
- 매사 참견한다.
- 반찬투정을 한다.
- 아내가 외출하려면 꼬치꼬치 묻는다.
- 아내의 전화에 귀를 쫑긋 세우고 듣는다.
- 부쩍 인색해진다.
- 시장에 따라나서려 한다.
- 옆에 붙어 앉는다.
- 밖에 있으면 수시로 전화 확인한다.
- 우울증이 나타난다.
- 사소한 일에도 쉽게 화를 낸다.

은퇴 후에 나타나는 여성들의 행동

- 남편이 집안일을 해주기 바란다.

- 자유롭게 외출하기를 바란다.

- 다양한 주제로 대화하기를 바란다.

- 여자로서 대우받고 싶어 한다.

- 구속받기 싫어한다.

- 가사노동에서 해방되고 싶어 한다.

- 다양한 문화생활 및 취미생활을 즐기려 한다.

- 우울증이 나타난다.

- 사소한 일에도 쉽게 화를 낸다.

우리나라는 일본과 달리 남을 의식하는 경향이 많기 때문에 남편들이 퇴직을 하게 되면 생활환경의 변화로 심한 스트레스를 받는다. 더욱이 애정이 식은 부부 간에는 갈등만이 존재하게 된다. 이러한 상태가 지속되면 이혼을 준비하는 상황까지 이어진다.

은퇴남편 증후군을 줄이는 방법은 고정관념을 버리는 것이다. 남편은 돈을 벌고 부인은 가사 일을 해야 한다는 성 역할 인식에서 탈피하여 새로운 환경에 맞는 역할을 재정립하는 것이 필요하다. 같이 있는 시간을 함께 즐기기 위해 같이할 수 있는 취미생활을 찾아보거나, 남편으로 하여금 가사를 돕게 하는 노력이 필요하다. 남편에게 외부활동을 추천하여 집에 있는 시간을 줄여주는 한편 남편에게 시간을 많이 투자하지 않도록 애써야 한다.

8

'황혼 이혼'이
과제다

은퇴남편 증후군이 심해지면 문제는 단순히 주부들의 건강뿐만 아니라 이혼으로 이어질 수도 있다. 20여 년 전 일본에서 일기 시작한 '황혼 이혼' 바람이 지금 우리 사회에도 불어닥쳤다. 황혼 이혼이란 소위 노년기의 이혼으로, 좁게 보면 60~70대 이후의 이혼이고 넓게 보면 자녀들이 출가하였거나 대학생이 되어 독립할 수 있게 된 이후의 이혼이라 볼 수 있다. 황혼 이혼은 자식이 대학에 입학하면 이혼을 요구한다 해서 '대입 이혼'이라고 하기도 한다.

노인들의 이혼 문제는 이제 사회문제로 확대되어 여러 가지 갈등을 일으키고 있다. 다 늙어서 무슨 이혼이냐고 곱지 않은 시선으로 바라보는 시선도 있지만 황혼 이혼은 꾸준히 증가하고 있다. 인습적인 유교적 가치관에 젖어 있던 노인들의 인식에도 변화가 생겨, 이제는 조금씩 자신의 진정한 삶과 행복을 찾기 위해 이혼을 선택하는 경우가 많아진 것이다.

통계청의 자료에 따르면, 황혼 이혼은 늘어나는 반면에 결혼 초기의 이혼은 감소하고 있다. 특히 60대 이상 황혼 이혼 상담건수는 계속 늘어나는 추세며, 실제로 10년 전보다 2배 이상 증가하고 있다.

황혼 이혼을 한 여성들의 특징을 보면, 첫째 연령대가 주로 50대에서 60대 이상이고, 둘째 자녀가 대부분 결혼하여 독립한 후이며, 셋째 부부갈등이 오래되었거나 여성이 가정으로부터 독립하여 자유를 느끼려는 의지가 많았다는 점이다.

인생의 황혼기에 이혼하는 현상에 대해서는 긍정적인 시각과 부정적인 시각이 있다. 긍정적인 시각은 황혼 이혼을 통해 부부갈등을 해소하고, 각자 자신이 원하는 합리적이고 행복한 삶을 추구함으로써 사회적인 안정을 유지한다는 입장이다. 다만 이혼으로 인한 문제들을 최소화할 수 있도록 국가와 사회가 정책을 모색해야 한다고 보고 있다. 반면, 부정적인 시각은 황혼 이혼을 통한 부부해체 후의 삶이 독거노인 가구 증가나 가정 파괴와 같은 새로운 문제를 야기한다는 입장이다. 이러한 두 가지 시각들 중 어떤 것이 더 옳고 그른지에 대해서는 단정할 수 없으나, 황혼 이혼이 우리 사회에 어떠한 영향을 끼치는가 하는 바를 알 수 있다.

대부분의 황혼 이혼 사례를 살펴보면 가정생활을 견디지 못한 아내 쪽에서 이혼을 요구하는 경우가 많다. 이와 관련하여 전문가들은 여성들이 자녀들을 출가시킨 후 자신의 여가를 즐기고자 하는 욕망이

강해진 것을 주된 원인으로 꼽는다. 즉 전통적인 가부장적 사고방식에 의하여 여성은 가사 노동을 해야 한다는 남편의 사고방식과, 이제는 자신의 권익을 찾겠다는 여자들의 주장이 갈등을 빚은 것이다.

지금의 50~70대 남자들은 그들의 아버지와 할아버지에게서 남자의 역할을 배웠다. 그들은 남편과 아버지가 존경받는 철저한 가부장제 아래에서 성장한 계층이다. 그들은 자신이 배운 역할에 충실했을 뿐이겠지만 요즘의 여성들은 그들의 어머니와 할머니가 살았던 방식대로 살기를 거부한다. 50~70대 여성들은 '여권신장 시대'에 여권을 주장하는 방법으로 이혼을 요구하고 있는 것이다.

이제 부부간에 이심전심은 사라지고 있다. 결혼해서 함께 30년을 살아도 부부의 대화 주제란 일상생활과 가족에 관련된 것 외에는 없다. 그러다 보니 부부 사이는 무미건조해지고 대화는 점점 단절되어 간다. 따라서 은퇴를 하기 전에 부부간에 나누는 대화의 주제를 가족에서 벗어나 상대방이 무엇을 좋아하는지를 이야기할 수 있어야 한다.

9

'황혼 이혼'을 줄이는 4가지 보약

대체적으로 부부가 이혼하는 사유를 보면 남성의 외도로 인한 가정 소홀이 1순위를 차지하였다. 그다음으로는 경제력 부족, 권위주의 등이었다. 한편 황혼 이혼한 경우의 사유를 보면, 대부분 남성의 외도보다는 경제력 상실과 실직이 주된 이유였다. 부부생활에서 경제력과 권위의 상실이 얼마나 중요한가를 알게 해주는 대목이다. 이 같은 이유 때문에 과거와는 달리 요즘은 결혼한 지 20년이 훌쩍 넘어섰더라도 과감히 이혼하는 경우가 많다.

은퇴 이후에도 부부가 행복하게 살려면 어떤 방법이 있을까?

첫째, 서로 상대방을 배려해야 한다. 부부는 서로 편하게 지낼 수 있도록 배려주어야 한다. 즉 서로 무엇을 원하고 무엇을 싫어하는지를 서로 챙겨주라는 것이다. 예를 들어 아내가 친구들과 자주 만나려 한다면 남편은 이를 간섭하지 않고 이해해야 한다. 또한 아내가 참아왔던 일이 있에 대해선 남편이 문제를 해결해 주어야 한다. 아내들은 경제적 약자였기 때문에 불만은 있지만 속으로 참고 지내는 경우가 많다. 그러나 남편이 퇴직하게 되면 말과 행동으로 참아왔던 것을 분출하게 된다.

둘째, 상대방을 인정해 주어야 한다. 퇴직한 부부는 상대의 자존심을 상하게 하지 않도록 조심하고 서로를 인정해 주어야 한다. 부부는 일방적인 어느 한편의 필요에 의해서 종속되는 것이 아니라 서로가 필요한 존재이기 때문이다. 서로 필요한 존재로서 인정하기 위해서는 애정표현도 하고 공동의 관심사도 만들어야 한다. 함께할 수 있는 취미생활을 찾는 것이 가장 확실한 방법이다.

셋째, 상대방을 격려해 주어야 한다. 특히 퇴직한 남편에게는 자신감을 잃지 않도록 격려하고 지지해 주는 것이 중요하다. 남편은 뒷바라지해 준 아내에게 감사의 표현을 함으로써 서로의 수고와 노력을 인정해 주어야 한다.

넷째, 자신의 요구를 표현한다. 남편과 아내는 서로를 잘 아는 것 같으면서도 모르는 부분도 많다. 부부관계에서 일어나는 문제는 큰 것보다 작은 것에서 시작되는 경우가 많다. 따라서 서로에게 요구할 것이 있으면 분명하게 알려주어야 한다. 상대방이 저절로 알아줄 때까지 기다리기만 하면 오히려 관계가 악화되기만 한다. 따라서 자신의 생각이나 요구 사항을 표현하는 습관을 길러야 한다.